静岡文化財ウォーク・目次

＊静岡県内には多くの文化財があります。貝塚や古墳をはじめ名勝、巨樹名木、建造物や芸能、動物のなかにも貴重な文化財があります。今回はその中から、ウォーキングに快適な32コース（約150項目）を紹介しました。本書が文化財との出会いのきっかけになれば幸いです。本書をベースに、皆さまのオリジナルコースでウォーキングを楽しんでください。

名勝

美しい景色は心のオアシス。雄大な風景に圧倒されながら、私たちの心はしだいに解き放たれていく。

（夜明け前、田貫湖から特別名勝富士を望む）

舞う

風土の中で伝えられてきた風俗慣習や民俗芸能も、大切な文化財。子どもたちの舞いに、遠い過去の祈りを感じる一瞬。

（山名神社の天王祭舞楽、 森町）

建造物

匠たちの高い技術と美意識。その空間に立つと、過去へも未来へもつながっていくように思えるのはなぜだろう。

（江川家住宅、韮山町）

（長源寺内薬師堂・薬師如来像、函南町　撮影・田畑みなお）

彫刻

厳かな顔、厳しい表情、いつくしみの眼差し
…端正な仏像に見る、造形の素晴らしさ。

史跡

史跡は歴史の遺産。石垣のひとつひとつにも、古の人々の暮らしや知恵、技、そして情熱を垣間見ることができる。

（韮山反射炉、江戸時代、韮山町）

天然記念物

満開の桜花や巨木に信仰を感じるのは、日本人特有のものらしい。

（上条の桜、富士宮市）

伊豆西南海岸(松崎町雲見)

伊豆

IZU AREA

古き良き時代を伝える旅館いな葉全景。遠くの屋根は東海館

伊東　松川周辺散策

木下杢太郎記念館、旅館いな葉、東海館、東郷記念館、葛見神社

古き良き時代の木造旅館に出会う

観光都市、伊東は古い歴史と文化の町でもある。この町で生まれ、明治から大正にかけて文学に医学に多彩な才能を発揮した木下杢太郎の記念館や、古き良き時代の温泉街の情緒を今に伝える木造旅館群、市内を流れる松川に沿った遊歩道。そぞろ歩けば、レトロな気分に染まっていく。

文学、医学の才人を身近に

【木下杢太郎《きのしたもくたろう》記念館《きねんかん》】

伊東駅から駅前いちょう通りを南東の方向に5分ほど歩き、交差点を左に折れて海の方角へ行くと、すぐに木下杢太郎記念館に到着する。

木下杢太郎は明治から大正にかけて詩・戯曲・評論などの分野で活躍した人。初めは雑誌「明星」を舞台に作品を発表したが、やがて北原白秋らと「パンの会」を興し、また森鷗外を中心とした「スバル」の創刊にも加わった。

木下杢太郎記念館内（誕生の間）

画才も豊かで、特に昭和18年3月から死の直前昭和20年7月まで描き

松川沿いのウォーキングコース

木下杢太郎記念館

続けた一連の植物画集は「百花譜」と名付けられ、後に岩波書店から出版されている。また6カ国語に通じる語学力の持ち主でもあり、世界各地を旅し、文明批評家としても活躍した。

本名を太田正雄と言い、東京大学医学部を卒業して東大教授等を務め、皮膚科とハンセン病研究に功績を残した人でもあった。

記念館は、生誕百年を記念して昭和60年10月に開館した。奥には天保6年（1835）に建てられたという生家が当時のままに保存され、伊東市に現存する最古の民家となっている。

夏目漱石や芥川龍之介、室生犀星などとの交流があったことを示す手紙や、繊細で緻密な植物のスケッチなどが展示されている。

■伊東市湯川2-11-5
☎0557-36-7454
＊大人100円、中学生以下50円
㉁月曜日、年末年始

品格ある数寄屋造り

【旅館《りょかん》いな葉《ば》】（国登録文化財）

記念館から5分ほど大川橋通りを歩くと松川の端に着く。大川橋手前を右に曲がると、いでゆ橋との間の細道には、昔懐かしい温泉街の雰囲気を漂わせて木造3階建ての旅館が立ち並んでいる。

旅館いな葉には、大正末期、関東大震災の後に「大東館」として創建されて以来の歴史がある。その建築物としての高い価値が認められて平成10年に国の登録有形文化財として登録された。

玄関ホールには、地元天城山で産したケヤキの大板が使われ、見事なほどに磨き込まれている。

数寄屋風の客室は、欄干をはじめ一つ一つ全部異なった造りになっている。唐《から》破《は》風《ふ》造《づく》りの玄関には、蟇股《かえるまた》と呼ばれる部分に「雀に稲穂」の彫刻が用いられており、隣の東海館の唐破風の男性的で豪快な作風に比べると、こちらは女性的な柔らかい印象を醸し出している。どちらも彫

コースタイム

◆

伊東駅
徒歩5分
木下杢太郎記念館
徒歩5分
東海館・旅館いな葉
徒歩5分
東郷小路
徒歩15分
葛見神社
徒歩20分
伊東駅

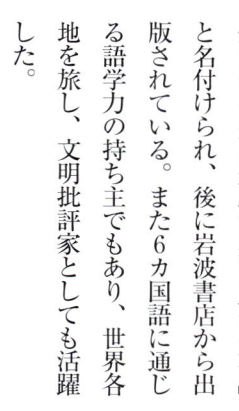

旅館いな葉玄関

稲葉直子さん えぴそーど

旅館いな葉・女将

「文化財として保存しながら、現役で営業している旅館です。女中さんたちが毎日拭き掃除をして、磨き上げています。お客さんには建築に興味をお持ちの方も多いです。修理費がかかり大変ですが、将来も大事に維持していこうと思っています」

家森田東光氏の作品である。内部にある「文福茶釜の湯」の石造りの湯口も森田東光氏の作品である。

また、最上階の四階には「油差し」と呼ばれる独特な形の望楼が付いているが、これは昭和の初めの建築だそうである。

■伊東市東松原町12－13
☎0557－37－3178

東海館玄関

地元の名工の技を間近に

【東海館《とうかいかん》】

松川の対岸の遊歩道から見る東海館や旅館いな葉辺りの界隈は、静岡県まちなみ50選の一つに選ばれ、伊東市の代表的な景観として以前から雑誌やテレビ番組で取り上げられて来た。

東海館は昭和3年に創業された。昭和33年の狩野川台風で大きな被害を受けたこともあり、建築基準法などに適合するよう修理や改造を重ねながら営業していたが、平成9年3月、惜しまれつつ廃業するに至った。

地元の人々にも長く親しまれてきた建築文化財であるため、伊東市は保存することを決めて整備を進め、平成13年7月26日に観光・文化施設として装いを新たにオープンした。建物の内部を自由に見られるようになり、伊東市の新しい観光名所として多くの見学者が訪れている。

東海館は旅館いな葉と同じく木造3階建ての、地元の名工の手になる水準の高い和風建築であり、風格ある唐破風造りの玄関、部屋の飾り窓の意匠、広間の彫刻、各地から集めた大きな石が配置された中庭、シンボルとも言える望楼など、見所が随所にある。

ゆっくりと館内を見学し、望楼にも登って伊東の町並みや周囲の山々を見晴らしつつ、ひと息入れてほしい。古き良き時代の温泉旅館の情緒を味わうことができる。

■伊東市東松原町12－13
＊無料
㊡毎月第3火曜日

土産ならコレ!

「ホール・イン」

登録銘菓「ホール・イン」は、まろやかな黄味あんをホワイトチョコレートで包んだ洋風のお菓子。お茶やコーヒーによく合う。

和洋菓子　梅家
伊東市中央町6－2
☎0557－37－8866(代)

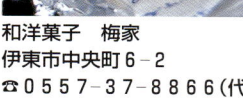

㊤東海館室内
㊦東郷小路

昭和初期の木造住宅

【東郷記念館《とうごうきねんかん》】

松川のほとり、以前市役所があった辺りは、今は親水公園として美しく整備されている。えびな旅館と東京電力伊東営業所との間の「東郷小路」と書かれた小さな石碑を目印に、奥の方へ道をたどると、東郷記念館がある。

この建物は、日露戦争で日本を勝利へと導いた東郷平八郎元帥が、昭和3年、夫人の療養のために建てた別荘であり、木造平屋建ての質素な和風の住宅である。狩野川台風にも耐え、窓ガラスや電灯に至るまで当時のままの状態で保存されている。

東郷元帥ゆかりの唯一の現存する住居建築であり、元帥が揮毫《きごう》した「雄風」の扁額など貴重な品が保存されている。また、庭木は元帥自らが植えたものと伝えられている。

元帥の没後、海軍省の将官の静養に用いられるなどし、現在は財団法人石橋財団が維持保全にあたっている。管理に当たっているのは、生前この別荘で東郷元帥一家に仕えた田辺とみさんの長女、石黒経子さんである。

建物は一般の観覧に供されているが、石黒さんが不在のこともあるので、見学する場合は事前に電話してからにすると良い。

■伊東市渚町3–8
☎0557–37–2061
＊入館無料

東郷記念館

必見の大クス

【葛見神社《くずみじんじゃ》】（国天然記念物）

松川に沿って桜並木の遊歩道が伸びている。上流に向かって歩いていくと、途中には所々に木下杢太郎の作品についての説明板などがあり、涼しげな松川の風景と共に、文化の香り豊かな、雰囲気の良い散歩道となっている。いでゆ橋、通学橋を越えて、岡橋まで来たところで左に折れると、正面に葛見神社のこんもりした森が見える。

葛見神社は平安時代の文献にも記された古社で、境内には目通り15メートルものクスの巨木がある。クスは樟、あるいは楠と書き、全体に芳香があり樟脳《しょうのう》の原料となる。巨木となるので昔は丸木船の材料にもなった。

■伊東市馬場町1–16–40
☎0557–37–1050

葛見神社

Lunch
お昼に寄りたい

五味屋

伊東市湯川1–12–18
☎0557–38–5327
㊔11時30分～14時30分／18時～22時30分 ㊡木曜日、第三水曜日

伊豆の地魚を使った料理で地元でも定評がある。店主のお薦めは、五味屋おまかせ丼2000円、刺身定食1000円など。木下杢太郎記念館の直ぐ近くである。

Dinner
夕食に寄りたい

天ぷら きよ仲

伊東市松川町4–16(2)
☎0557–38–3380
㊔11時30分～14時30分／17時～20時30分 ㊡水曜日

天ぷら料理がおいしい店。天ぷら定食2000円、三色かき揚げ弁当2000円、あなご丼1500円など。キネマ通り商店街のほぼ中央にある。

了仙寺山門

下田 幕末開国の史跡

吉田松陰寓寄処、了仙寺、玉泉寺、爪木崎

歴史の面影と情緒たっぷりの町並み

ペリーが下田条約に調印した了仙寺、総領事として着任したハリスが日本最初の領事館とした玉泉寺など、幕末から明治維新にかけての史跡が豊富に残る下田は、日本が近代への夜明けを迎えた町。美しい南伊豆の風景、情緒あふれる町並み、伊豆の地場産品を使った料理と温泉にも恵まれて、魅力たっぷりのウォーキングが楽しめる。

当時の雰囲気そのまま

【吉《よし》田《だ》松《しょう》陰《いん》寓《ぐう》寄《き》処《しょ》】（県史跡）

下田の北方約2キロの伊豆急行蓮台寺《れんだいじ》駅《えき》から徒歩15分。温泉街の一角に、幕末の志士、吉田松陰が身を寄せた家が保存されている。風呂場、寝室として使った2階の部屋（隠れの間）、使用した道具類など、当時の雰囲気をそのままに伝えている。

吉田松陰は25歳の時、黒船に便乗して米国に渡ることを企てて、下田にやって来たが、途中で皮膚病にかかり、ここで1週間ほど湯

吉田松陰寓寄処

治をした。医者だった村山行馬郎が松陰をかくまったのがこの家である。

松陰はペリーの艦隊に夜中、漁船を漕いで乗り込み、渡航を懇請したが受けいれられなかった。

奉行所に自首して捕われの身となり、江戸送りとなった。その後長州に戻ることを許されて松下村塾を開き、門下生の教育にあたったが、安政の大獄の時に江戸に呼び出され、30歳で刑死している。国の将来を案じ、西洋の事情を知ることを急務と感じて身の安全を顧みず行動したその識見と行動力。これがわずか25歳の若人のすることだろうか、と頭が下がる思いがする。

■下田市蓮台寺300
問い合わせ先　下田市教育委員会
☎0558-23-5055
＊入館料大人100円、子供50円。
㊡水曜日

えぴそーど

出野和夫さん
郷土史研究家

「私と田中一光さんと一週間交代でこの家の説明をしています。吉田松陰先生は小さいころから尊敬しておりました」この近くに住む出野さんは、150年ほども昔の松陰の行動を、昨日のことのように詳しく生き生きと説明する。こんな方に守られていれば文化財も幸せだ。

ペリー提督ゆかりの寺

【了仙寺《りょうせんじ》】（国史跡）

伊豆急下田駅から徒歩15分で了仙寺に着く。創建は寛永12年（1635）。幕末の安政元年（1854）、アメリカ合衆国全権ペリー提督と日本全権林大学頭とがこの寺の本堂において日米和親条約付録下田条約十三カ条について交渉し、締結した場所として有名で、国の史跡に指定されている。下田条約により、下田は外国人が自由に歩ける最初の町となった。当時の下田は、開国したばかりの日本の、まさしく最先端に位置する町だった。

宝物館には開国のころの資料がいろいろと展示されている。中でも唐人お吉の物語の展示には、だれもが複雑で切ない気持ちにさせられてしまうことだろう。大きな歴史の流れの裏には数え切れないほどの人間たちの悲しい物語が秘められ、そしていつしか忘れ去られていったのだろう。

ジャスミンの寺としても知られる了仙寺

売店でいただいた冷水が、とてもおいしかった。好天の日のウォーキングで汗をかいたときは、スポーツ飲料などで電解質と水分を早めに補

コースタイム

◆

- 伊豆急蓮台寺駅
- 15分
- 吉田松陰寓寄処
- バス15分
- 伊豆急下田駅
- 15分
- 了仙寺
- 40分
- 玉泉寺
- ハリスの小径経由で30分
- 浜崎小学校前バス停
- バス7分
- 爪木崎バス停
- 遊歩道一周約30分

給しよう。
了仙寺はジャスミンの寺としても知られており、境内からペリーロードにかけて数百株のアメリカジャスミンが植えられている。「山門を出ればペリーロードにつながるよ。気をつけてね」と親切に教えていただき、次の玉泉寺へ向かった。

■下田市3―12―12
☎0558―22―0657
＊宝物館は大人500円、中高生150円　年中無休（夏季・年末に休館日あり）

米国総領事ハリスが居住

【玉泉寺《ぎょくせんじ》】（国史跡）

昔ペリーが歩いたというペリーロードは、思わず写真を撮りたくなる川沿いの小道である。海沿いにはなまこ壁の民家があり、歴史のモニュメントや季節の花がさりげなく配置されている。玉泉寺までは約40分。少し長いが、骨董店や喫茶店に立ち寄りながら、散策を楽しみたい。

玉泉寺は、天正年間初め（1580年代）の創設で、400年余の歴史がある古い寺である。下田条約が締結されると、アメリカ人の休息所、埋葬所に指定された。その後、安政3年（1856）、タウンゼント・ハリスが総領事として着任し、日本で最初の総領事館となったことで有名である。

ハリス記念館にはハリスが使用したパイプやナイフなどの遺品、日本最古の銀板写真など、貴重な品々が展示されている。庭には日本で最初に星条旗が掲揚された場所であることを記念する碑がある。また、ハリスが所望したことによって日本に初めて牛乳が伝えられたことから「牛乳の碑」も建立されている。お吉の悲しい物語も、ここが主な舞台だった。昭和26年に国指定の史跡となっている。

無国籍な雰囲気も漂うペリーロード。のぞいてみたい骨董品店や喫茶店も多い。街角には歴史的なモニュメントが置かれている

米国総領事ハリスが住んだ玉泉寺

日本で最初に米国星条旗が掲げられた場所を記念した石碑

■下田市柿崎31―4
☎0558―22―1287
＊拝観料大人300円、小学生150円　無休

俵磯と名付けられた奇勝

【爪木崎《つめきざき》の柱状節理《ちゅうじょうせつり》】（県天然記念物）

玉泉寺からさらに海沿いに歩いていき、ハリスが散策したと言われる「ハリスの小径《こみち》」をたどると、吉田松陰が黒船への便乗を断られ、志破れて上陸した跡地に小さな石碑が立っていた。やがて浜崎小学校前のバス停に出る。爪木崎までは歩いても

「みかんのケーキ」
地元で採れた柑橘類を使った「みかんのケーキ」がおすすめ。1000円。

フォンテーヌ
●下田市東中8－15
☎0558－22－8194
●下田市吉佐美1469－1
☎0558－25－5800

爪木崎の柱状節理

良いが、疲れた人はバスに乗ると7分ほどで着く（ただし便数が少ないので、事前に調べておく方がよい）。バスの終点から爪木崎灯台まで尾根沿いに散歩コースを歩くと、眼下に「俵磯《たわらいそ》」と名付けられた奇勝が広がる。変質火山岩（玄武岩質安山岩）の柱状節理がつくりあげた風景である。

伊豆半島は全体が火山性の由来を持つ土地で、特に東海岸から中央部にかけては、小さな火山や、溶岩が作った地形がたくさんある。柱状節理は、溶岩が冷えて収縮する時に生じた柱状の規則的な割れ目のことである。伊豆半島でも他に何個所かで見られるが、爪木崎の柱状節理は極めて明瞭な上に規模も大きい。海上に遠く伊豆七島が見え、12月～2月ごろにかけて野水仙が乱れ咲く。

■下田市爪木崎

ハリスの小径

Lunch
お昼に寄りたい

いし塚

下田市敷根4-21
☎0558-23-1133
営11時～16時(土日は17時～19時も営業) 休水曜日

創業22年、地元でも評判の店。そばがおすすめで、600円台から。腰があっておいしい。調味料も手作りである。

Dinner
夕食に寄りたい

亀遊

下田市連尺町通り
☎0558-22-8698
営11時～22時　不定休

新鮮な地魚、伊勢えび、アワビなどをふんだんに使った料理で、伊豆の味を十分に楽しむことができる。キンメダイの煮魚定食1600円、刺身盛り合わせ定食1600円など。

西伊豆、松崎　伊豆西南海岸を南下

トンボロ、中瀬邸、伊那下神社、旧岩科学校

なまこ壁やこて絵……左官の技と粋を訪ねて

明るい陽光に満ちた西伊豆地方は、リゾート地として人気抜群。そのうえ江戸時代から明治時代にかけての歴史的建造物が多く、町のそこここに歴史の香りが漂っている。なまこ壁、長八の漆喰こて絵、商家の町並み…。南の国の「小樽」といったらオーバーだろうか。夕映えの美しい西伊豆町から松崎に入り、松崎の代表的な「なまこ壁建築」を見ながら、山間部へ抜けて行くウォーク&ドライブコースはいかが。

美しい夕映え（伊豆西南海岸、田子から撮影）

夕映えは息をのむ美しさ

【伊豆西南海岸】（国名勝）

土肥方面から国道136号を南下し西伊豆町に入ると、やがて大小さまざまな島が波間に浮かぶ海岸線が現れる。西伊豆、松崎、南伊豆の3町にまたがる国指定名勝伊豆西南海岸である。中でも堂ケ島周辺の海蝕海岸は絶景だ。乳白色の凝灰岩から成る島々が長い年月をかけて海水に浸食された様は、まさに自然が創り出した芸術だ。

その堂ケ島からほど近いところに県の天然記念物に指定されているトンボロ（砂洲）がある。これは海岸から約200メートル沖合いにある象島《ぞうじま》（三四郎島）が、干潮時に陸とつながる現象を指し、波と島の微妙な力関係が作用して形成される。その様子を目の当たりにすると、地球もひとつの生き物であることを実感できる。時間が許せば日没近くに再訪し、太陽が堂ケ島沖に沈む光景も見ておきたい。海原が深い黄金色に輝き、空と島々が朱に染まった景観は息をのむ美しさだ。

明治の面影を残す建物

【中瀬邸《なかぜてい》】

引き続き国道136号を南下して松崎町に入ると、銀行や郵便局が並ぶ一画が見えてくる。那賀川に架かる橋の手前を右折すると町並みは突然明治の面影を残した風情になる。

なまこ壁が美しい中瀬邸。明治初期に建てられた

その中心的存在が中瀬邸だ。

　中瀬邸は明治初期に呉服商家として建てられた木造建築物で、現在は町の所有物件として一般に公開されている。母屋、土蔵など7棟から成り、なまこ壁を用いた松崎を象徴する建物で、柱や梁、調度などにも贅が尽くされている。界隈も見ごたえ十分。時計台、那賀川に架かるときわ大橋、対岸の町並みなど、そこかしこに明治時代の香りが漂う。

■松崎町松崎315－1
☎0558－43－0587
＊入場料＝大人100円、子供50円
9時～17時　無休

境内のわき水は長寿の泉

【伊那下神社《いなしもじんじゃ》のイチョウ】（県天然記念物）

　中瀬邸前に架かるときわ大橋を渡り、そのまま道なりに進むと国道136号に突き当たる。そこを右に折れるとすぐ左側に浄泉寺《じょうせんじ》と伊那下神社がある。ただし歩いて行くなら「なまこ壁通り」がおすすめだ。

　浄泉寺は室町時代に創建された浄土宗の寺で見どころは輪蔵。輪蔵は六面体でできていて、それを一度回すと一切経を読経、読誦したと同じ功徳が得られると言われている。ここで一服という人には、つるしてある鐘をたたくと、お抹茶をいただくことができる（菓子付き300円）。

　浄泉寺と伊那下神社は隣り合わせになっている。浄泉寺の墓苑を右奥に進んで行くと、そのまま伊那下神社の鳥居前に出る。目指すのは拝殿前にある樹齢約1000年のイチョウの木。目通り8メートル、枝張り25メートル、樹高22メートルの巨木は見る者を圧倒する。また境内に湧出する清水は神明水と呼ばれ、茶の湯に使われるなど古くから長寿の泉として伝えられて来た。

■浄泉寺＝松崎町松崎43
☎0558－42－0326
■伊那下神社＝松崎町松崎31
☎0558－42－2268

伊那下神社のイチョウ

おすすめスポット

牛原山町民の森

浄泉寺、伊那下神社、長八美術館の裏山に牛原山町民の森がある。その頂上にある展望台は松崎町を一望するポイントとして絶好だ。見晴らし台に登ると、堂ケ島のある西伊豆町の方まで見通すことができる。周辺のハイキングコースを利用して深い緑に囲まれた森の中を散策するのもいいだろう。ちなみに長八美術館から展望台までは500メートル（車両通行不可）。

（松崎町史編纂委員長・田口宣さん）

牛原山町民の森の見晴らし台

コースタイム

◆

中瀬邸
↓ 徒歩10分
伊那下神社
↓ 徒歩15分
旧岩科学校
↓ 車で30分
依田家

旧岩科学校全景

洋風デザインとこて絵

【旧《きゅう》岩《いわ》科《しな》学《がっ》校《こう》】（国重要文化財）

伊那下神社から国道136号を南伊豆方面に進むと、長八美術館がある。江戸時代の左官であり、また漆喰《しっくい》こて絵の芸術家として有名な入江長八の作品を集めた美術館だ。長八は伊豆の文化を語る上で外せない存在なので、ぜひとも見学しておきたい。美術館のすぐ先を左折して県道121号に入り、1.5キロほど進むと重要文化財の旧岩科学校がある。

旧岩科学校

旧岩科学校はなまこ壁を用いた社寺風建築様式とバルコニーなどの洋風デザインを採り入れた伊豆地区最古の小学校だ。明治13年に建てられた校舎は平成4年に修理され、現在は松崎を代表する観光名所の一つとして一般に公開されている。校舎内には校長室や教室などが見事に再現されている。また古い教科書や農機具、長八の手による龍、千羽鶴の細工もあり、訪れる人を飽きさせない。校庭内にある開花亭（旧岩科村役場）は休憩所だが、ここには長八の高弟である佐藤甚三の漆喰こて絵がある。

■松崎町岩科北側422
☎0558-42-2675
＊入場料＝大人300円、子供150円　9時～17時　無休

依田家

山を背景に重厚な風情

【依《よ》田《だ》家《け》】（国登録文化財）

旧岩科学校から市街地の方角へ戻り、那賀川に架かる宮の前橋を右折し県道15号に入る。そのまま道なりに4キロほど行くと大沢温泉入口というバス停があるので、そこを左折。するとすぐ左側に古い屋敷が現れる。そこが依田家、現在の大沢温泉ホテルだ。依田家もなまこ壁を用いた旧建築物だが、山間にあるという立地条件が加わって、より一層重厚な風情と落ち着いた風格を漂わせている。

元々なまこ壁は防火用で湿気にも強い。そのため蔵などに用いられることが多かった。

■松崎町大沢153　大沢温泉ホテル

土産ならコレ!

さくら葉もち

全国の桜葉の塩漬けの七割を生産する松崎ならではの名菓。港近くの新コミュニティー通りの梅月園で。また中瀬邸近くの喫茶店永楽堂（写真）では、店内で味わえる。

梅月園本店
☎0558-42-0504
永楽堂
☎0558-42-0270

Lunch
お昼に寄りたい

カサ・エストレリータ

松崎町松崎23
☎0558-42-3210
㈼10時～16時　㈭木曜日

長八美術館に隣接する町営レストラン。松崎特産の海の幸を生かした地中海風料理が味わえる。人気メニューは地中海カレー。

戸田 御浜岬から井田地区へ

宝泉寺、松城家住宅、井田松江古墳群、明神池

富士のビューポイントはディアナ号ゆかりの地

駿河湾の向こうに富士山を望む戸田村は風光明美な土地として名高い。温泉、磯料理、フィッシングポイント、海水浴など戸田を語る切り口は多い。このコースでは戸田村のもう一つの魅力、歴史にスポットを当ててみよう。御浜岬、戸田港周辺、井田地区を散策し、豊かな戸田の自然と文化に触れてゆく。

上 戸田塩の会の塩づくり
下 出来上がった塩はまろやかな風味

【伝統製法を継承する塩の会】

最初の目的地は、御浜岬の根本近くにある戸田塩の会。ここは伝統的な塩作りを次代に伝承しようとする非営利団体（ＮＰＯ）で、駿河湾の沖合い約1キロの黒潮（水深約15メートルの海水）を13時間ひたすら薪だけで炊いた後、4昼夜かけてかごの中で塩を熟成させている。まろやかで、ほのかな甘みを帯びた塩気が特長。またミネラル分が豊富な上に、添加物を含まないので健康に良く、安全性、人気ともに高い。

現在、24人がローテーションで塩作りに従事している。会の皆さんは「収益が得られた場合は、できるだけ村の森林保護活動に寄付したいと思っています。この寄付は大量の薪を必要とする伝統製法を、次代へ継承するための責務です」と語る。ここで作られた天然にがりは戸田の豆腐作り、その他にも利用されている。

戸田塩の会が作る戸田塩は1パック200グラムで500円。ちょっぴり高価だが、一度食べれば納得の味だ。伝統製法ゆえに一日に50パック程度しか製造できず、通常はファクスで申し込んでから1カ月待たないと手に入らない。戸田塩はどんな料理にもよくなじむという。

■戸田村戸田3705—4
☎とFAX　0558—94—5138

ディアナ号の資料を展示

【造船《ぞうせん》郷《きょう》土《ど》資料《しりょう》博物館《はくぶつかん》】

造船郷土資料博物館は日本初の洋式帆船建造の地にちなんで設立された村営の施設で、御浜岬の先端部分にある。

今から約150年前の幕末、日露通商条約の締結を目的に来航していたロシア使節プチャーチン提督を乗せた軍艦ディアナ号が、安政の大地震による津波と駿河湾の激しい季節風で大破してしまい、その代替船へダ号を戸田で建造したことが、そもそもの発端だ。現在、博物館にはデ

㊤造船郷土資料博物館
㊥群生するイヌマキ
㊦宝泉寺

ィアナ号に関する資料を中心に、プチャーチンの日常使用品やプチャーチンの娘オリガの使用品などが展示されている。

岬に群生するイヌマキを見ながらの散策は爽快だ。車の場合、岬の外側にある道を利用すると、博物館の駐車場まで行き着ける。

■戸田村戸田2710—1
☎0558-94-2384
＊入場料大人300円　子供100円
9時〜16時
㊡水曜日、年末・年始

プチャーチン提督が宿泊

【宝泉寺《ほうせんじ》】（県史跡）

御浜岬を引き返し、戸田港を囲む県道17号に出たら村役場方面へ向かう。しばらくするとダイマツというコンビニがあるので、そこを右折し、そのまま道なりに200メートルほど進むと宝泉寺がある。

宝泉寺はヘダ号を建造している間、ロシア使節プチャーチン提督が宿泊した寺として知られている。彼が寝起きした本堂には、使用した机やいすが保存されている。ここでのもてなしが、その後の戸田とロシアの関係を強固なものにした。プチャーチンは亡くなるまで戸田の人々の厚情を忘れなかったという。

■戸田村戸田449
☎0558-94-2560
8時〜日没

宝泉寺境内にあるディアナ号に乗船していたロシア人乗組員の墓

ユニークな構造と意匠

【松城家住宅《まつしろけ》】（国登録文化財）

県道17号を北上し、戸田大川に架かる港大橋のすぐ向こう側を左折する。そして一つ目の分岐を左へ進み、道なりに100メートルほど行くと左側に松城家がある。

松城家は明治6年に建てられた木造二階建て・瓦ぶきの擬洋風建築で、家屋の内外8カ所に入江長八のこて絵が施され、なまこ壁を用いた土蔵や、伊豆石を使った塀や門なども意匠的に優れている。ただし、現在の松城邸は一般家屋。内部の見学は所有者に伺うことが必要だ。

■戸田村戸田

Lunch お昼に寄りたい

の一食堂

戸田村戸田海岸通
☎0558-94-3225
㊤10時〜17時
㊡水曜日

戸田漁港の前にあり、水揚げしたばかりの高足ガニが食べられる。人気があるので予約したほうが確実。カニ1ぱい2〜4人前で1〜2万円。

Lunch お昼に寄りたい

フルーツランド・ギャラリー

戸田村戸田3878—159
☎0558-94-2100
㊤9時30分〜16時
無休

花と絵画で演出されたレストラン。フルーツを使ったデザートが人気。眺望も抜群。宿泊施設が併設されている。メロンパフェ1200円

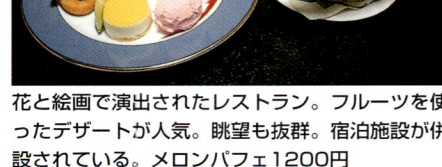

井田松江古墳群

尾根上に密集する古墳

【井田松江古墳群《いたすんごうこふんぐん》】（県史跡）

松城家から県道17号を再び北上する。道はやがて市街地を抜け、峠越えの山道に入る。そして3キロほど進むと突然視界が開け、煌《きら》めきの丘と呼ばれる井田展望台に出る。ここが井田松江古墳群の入り口だ。

松江古墳群は戸田村の松江山にある約1400年前の古墳群で、斜面に横穴式石室の円墳23基がほぼ完全な形で残っている。展望台から古墳群一帯を見渡しても一見何もないように思えるが、よく目をこらせばそこここに盛土の跡が見える。尾根を下って覆屋がかけられた18号墳の前に立つと、石を積んだ石室の様子がよくわかる。ここからは柄頭《つかがしら》に銀が象嵌《ぞうがん》された大刀《たち》が出土している。さらに下ると明神池に出る。

富士山のビューポイント

【明神池《みょうじんいけ》】

煌めきの丘から県道17号をさらに北上。すると500メートルほど先に左に折れる道が現れる。そこを下っていけば井田地区に入る。

井田地区は絶壁に囲まれた美しい海岸線（海水浴場にもなっている）と富士山のビューポイントとして名高い。また井田地区の南端にある明神池は海岸線にほど近いにもかかわらず淡水で、コイやフナなどが生息している不思議な池だ。かつて入り江だったものが淡水湖に変わった海跡湖の名残りをとどめている。ススキやアシが枯れ、それが分解しないうちに生育を重ねたため、坊主頭のように盛り上がった谷地坊主の現象は、とても珍しく貴重なものだ。

明神池

プチャーチンの娘オリガがロシア皇帝の命を受けて戸田村へ謝礼に来た際、宿泊所になった松城家

コースタイム

◆

- 御浜岬
- 徒歩5分
- 戸田塩の会
- 徒歩8分
- 造船郷土資料博物館
- 徒歩20分
- 宝泉寺
- 徒歩10分
- 松城家住宅
- 車で10分
- 井田松江古墳群
- 車で5分
- 明神池

おすすめスポット

瞽女観音《ごぜかんのん》

県道17号と戸田村役場付近で交差している県道18号をひたすら修善寺方面へ上っていくと、修善寺町との境の手前1キロあたりに瞽女展望台がある。遠い昔、この地で瞽女が大雪に遭遇し、凍えて死んだという伝説があり、村人が旅人の峠路の安全を祈って祀ったという。

（戸田塩の会代表・菰田智恵さん）

瞽女観音

天城湯ケ島　国道沿いに天城峠へ

法泉寺、浄蓮の滝、太郎杉、旧天城トンネル

巨木の下で思わず深呼吸

伊豆半島のほぼ中央に位置する天城湯ケ島町は温泉の町。月ケ瀬温泉、嵯峨沢温泉、吉奈温泉、船原温泉など、町の至るところに温泉が湧き出ている。温泉以外の観光スポットも豊富で、この地を何度も訪れている人も多いだろう。そこで今回は、国道136号に沿って、巨木名木を中心に知られざる名所を案内したい。温泉へ向かうついでに立ち寄るのも一興だ。

気品高い名木

【法泉寺《ほうせんじ》のシダレザクラ】（県天然記念物）

国道136号を沼津方面から南下し、天城湯ケ島町に入ってから約1キロほど進むと柿木川に架かる柿木橋がある。その手前を右折して道なりに約1キロ行くと右手に法泉寺が現れる。

法泉寺は天正4年（1573）に創建された古寺だが、境内にあるシダレザクラもほぼ同時期に植えられた。この桜は推定樹齢350年、根回り2.7メートル、高さ20メートルの威容を誇り、今も春になると枝いっぱいに花をつける。開花時期は他の桜より一週間程度早いが、この地方特産のシイタケ収穫の最盛期と重なるため、古くから農作業の目安とされてきた。種としてはエドヒガンザクラとシダレザクラの雑種とされているが、優雅で気品高い名木として知られる。近年、樹勢回復にも取り組まれている。

■天城湯ケ島町本柿木

流れるような枝振り

【青埴神社《あおはにじんじゃ》のシダレイロハカエデ】（県天然記念物）

法泉寺から来た道を戻り、再び国道136号を南下する。青埴神社はすぐそこだ。目印は柿木橋からおよそ600メートル南へ下った右側の鳥居。

目的のシダレイロハカエデは鳥居から50メートルほど山へ入った左側にある。この木は昭和58年に県の天然記念物に指定された落葉高木で、カエデ・モミジ・イロハモミジ・コバモミジ・タカオモミジとも呼ばれている。樹齢は推定140～180年、枝垂れの高さは7.7メートル、目通り1.88メートル、樹高4.5メートルだ。紅葉の時期は他種よりやや遅いが、その流れるような枝葉の様子は四季それぞれに趣がある。交通量の多い国道136号近くにありながら、眺めている内に静寂に包まれてしまう、そんな風情を持った名木だ。

■天城湯ケ島町青羽根

法泉寺のシダレザクラ

浄蓮の滝。両側に見えるのがハイコモチシダ

青埴神社のシダレイロハカエデ

このシダの北限

【浄蓮《じょうれん》の滝《たき》のハイコモチシダ群落】

（県天然記念物）

青埴神社をあとにして、再び国道136号を南下。やがて道は国道414号と分岐するので、それを下田方面（国道414号）へ。途中、天城湯ヶ島の町役場、湯ケ島温泉郷などを通過しながら、つらつらと続く山間の道を約10キロ進むと、浄蓮の滝に到着する。滝はそこからやや急なつづら折りの階段を5分ほど降りたところにある。滝は高さ25メートル、幅7メートルで、日本名瀑百選にも選ばれている。その滝の左側に群生しているのが、お目当てのハイコモチシダだ。このシダは日本から東南アジアにかけて広く分布するが、わが国では伊豆半島と熊本県に希に分布するだけで、特に浄蓮の滝の群落はこのシダの北限となっている。大正時代に発見され、一名をジョウレンシダという。

シダは葉の裏側にできる胞子によって繁殖するが、ハイコモチシダは葉の先端近くにできる芽を地面に接することで新しい苗を作る。つまりハイコモチシダは地面をはいながら繁殖するシダで、その名の由来は「はう・子持ち・シダ」だ。

実際のハイコモチシダは想像より随分と大きいが、滝壺付近からでは遠くてよく見えない。双眼鏡を持参しよう。

■天城湯ヶ島町浄蓮

コースタイム

◆ 法泉寺 → 車で15分 → 浄蓮の滝 → 車で15分 → 太郎杉 → 車で15分 → 旧天城トンネル

←太郎杉

天城、滑沢渓谷の紅葉

天を突く勢い

【太郎杉《たろうすぎ》】(県天然記念物)

浄蓮の滝から国道414号を下田方面へ約3キロ進み、さらに井上靖文学碑があるところから滑沢林道へ右折して1.6キロほど行くと太郎杉がある。

太郎杉は樹高40メートル、目通り幹回り9.6メートル、根元周囲13.6メートル、枝張り長径27メートル、約450年の巨木だ。しかしこの迫力は数字では伝わらないだろう。実際に仰ぎ見ると圧倒的な存在感で、神秘的ですらある。今なお枝葉が美しく繁茂し、樹勢もおう盛だ。林道を1.6キロも登らなければならず、アクセスは決して良いと言えないが、その苦労に十分値する名木だと思う。

滑沢林道は全面未舗装。徒歩なら問題ないが、車で行く場合は十分な注意が必要だろう。また滑沢林道の入り口は車では見落としがちだ。国道414号沿いにある昭和の森を過ぎて500メートルほど走ったら、少しスピードを落としながら進もう。

■天城湯ケ島町青羽根

旧天城トンネル河津町側

伊豆の踊子で知られる

【旧天城《きゅうあまぎ》トンネル】(国重要文化財)

太郎杉から国道414号へ戻り、下田方面へ約5キロ進むと水生地下というバス停に出る。ここが旧天城トンネルへ続く旧道の入り口だ。旧道はほぼ全面未舗装路だが、滑沢林道に比べれば路面状態はそれほど悪くない。その旧道を行くこと約1キロで旧天城トンネルの正面に出る。

旧天城トンネルは明治37年に築造された。全長445・5メートル、幅員4.1メートルで、全体が切石積で造られている。トンネル内は一応照明がついているもののかなり暗く、思うように足元が見えない。また天井から絶え間なくしずくが落ちてくるため路面は常にぬれている。トンネルの中を歩くという体験は意外に少ないので胸が高鳴るが、川端康成の「伊豆の踊子」の一場面を想像すると、さらに気分は高まる。

トンネルを抜けて反対側の旧道を下っていくと2キロ弱で国道414号に合流する。と書くと旧道はあたかも林道のように思われがちだが、実は旧道こそが国道414号である。したがって車や人の往来は自由(一部規制あり)。また水生地下の旧道入り口近くには駐車場があるので、そこから歩いてトンネルに向かうこともできる。歴史の香りと自然の豊かさを満喫するなら断然徒歩の方がいい。

Lunch お昼に寄りたい

森の手作り屋さん かたつむり

天城湯ケ島町湯ケ島892-66 ☎0558-85-2104 営10時～17時
休木曜日

浄蓮の滝を過ぎてすぐ目に入ってくるログハウス。カレーやピザ、ハーブティーがおすすめ。

韮山 中伊豆を代表する史跡

伝堀越御所跡、願成就院、江川邸、反射炉、ハリストス正教会

至るところに北条氏、江川氏の足跡

ここに紹介する韮山の歴史ポイントはどれも国道136号から程近い。どのポイントも歩いて行けるばかりか、天城湯ケ島、修善寺、下田などへ向かう時の寄り道スポットとしても好都合。またこのコースを沼津方面から踏破すると、最終地点のハリストス正教会は天城湯ケ島コースにそのまままつながる。順番を自由にアレンジしてみるのもいいだろう。

緑の森を背景にした守山八幡宮

室町時代の邸宅跡

【伝堀越御所跡《でんほりごえごしょあと》】（国史跡）

伊豆箱根鉄道の韮山駅から国道136号へ出て、それを修善寺方面へ500メートルほど進むと左手に北《ほう》条政子《じょうまさこ》の井戸という案内板が見えるくる。その指示に従って国道を右折し、そのまま200メートルほど行くと、そこが伝堀越御所跡だ(韮山駅から約1.3キロ)。

伝堀越御所跡は室町時代、この地に派遣されていた堀越公方足利政知の御所があった場所で、発掘によって井戸跡や溝跡、園地などが確認され、国の史跡指定を受けている。

伝堀越御所跡

しかし御所そのものは室町時代に北条早雲に攻撃されて灰じんに帰し、現在は広い草原が残っているだけだ。

御所跡のすぐ近くに北条政子の産湯の井戸がある。住宅地の中にひっそりと存在するが、時間に埋もれず現在までその姿を留めているのは政子という人の強さゆえだろうか。

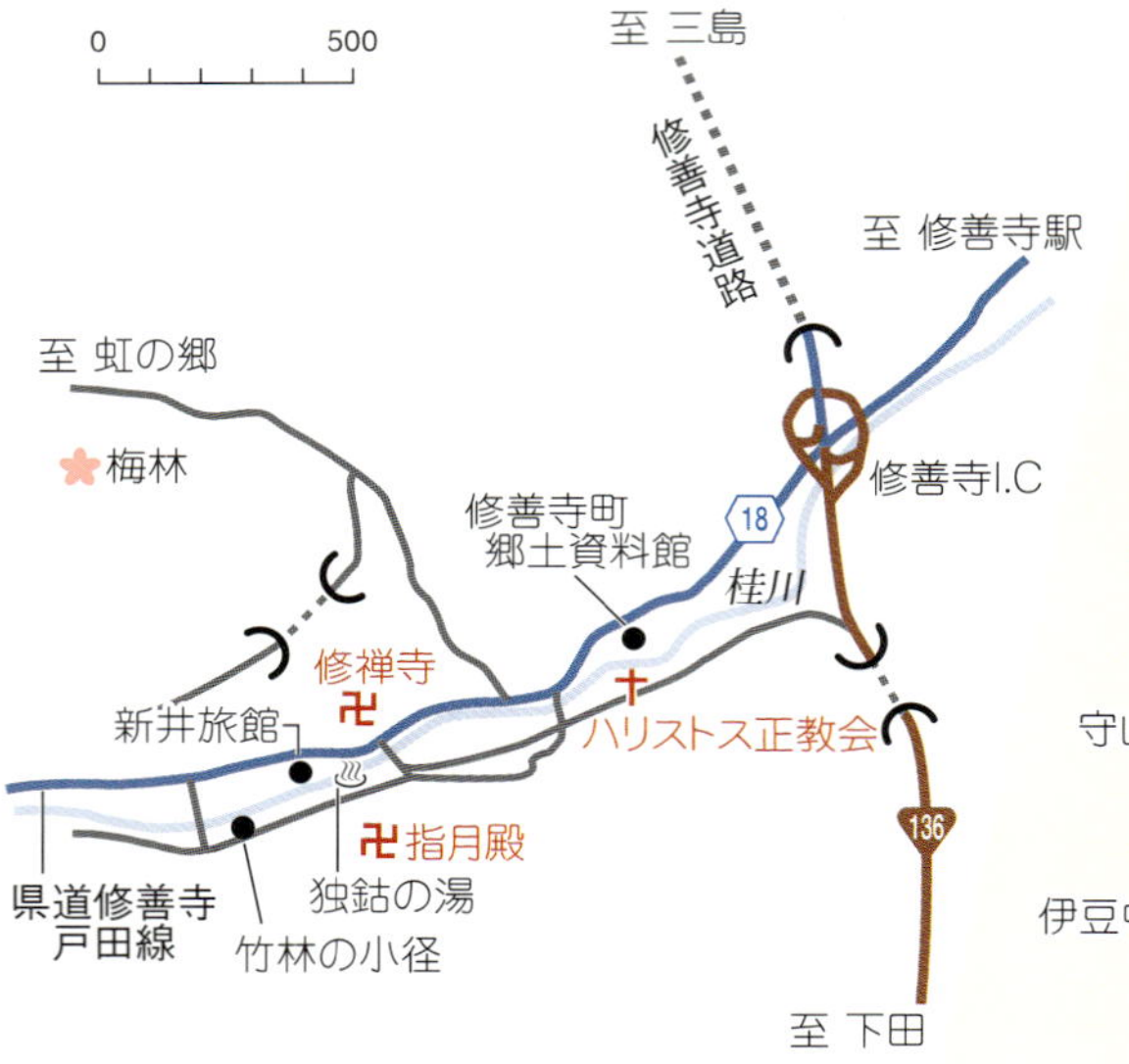

政子の産湯の井戸

見事な阿弥陀如来像

【願成就院跡《がんじょうじゅいんあと》】（国史跡）

政子の井戸から国道136号へ戻り、再び南へ下っていくとすぐに願成就院の案内板が現れる。その指示通りに進むと左側に願成就院がある。ここは源頼朝が平氏を打倒し、さらに奥州の藤原氏を滅亡させようと出陣する際、頼朝の義父である北条時政が戦勝を祈願して建立した寺。まさに「願いが成就しますように」という思いが寺号に込められている（実際には時政による北条氏の氏寺建立だったとも言われている）。当時の寺は現在の願成就院の南50メートル付近にあったが、北条早雲が堀越御所を攻撃した時、兵火によって焼失し、現在は平地の状態だ。しかし発掘調査によって南塔や南新御堂の遺構が確認され、跡地は国の史跡に指定されている。一方、現在の願成就院には重要文化財に指定されている運慶作の阿弥陀如来像、塔婆《とうば》、形銘札《がためいさつ》などが所蔵されているほか、北条時政の墓もある。境内北側を進んでいくと、50メートルほどで守山《もりやま》八幡宮《はちまんぐう》がある。

運慶作　阿弥陀如来像（写真＝願成就院）

■願成就院　韮山町寺家83—1
☎0559—49—7676
＊拝観料300円
9時〜16時　無休

大柱、大土間は必見

【江川家《えがわけ》住宅】（国重要文化財）

願成就院山門

江川家住宅は反射炉と並んで伊豆韮山を代表する史跡であり、観光名所の一つ。守山八幡宮からなら約3キロの道のりで、国道136号から韮山駅へ戻り、その道をそのまま進むと案内板が現れる（韮山駅から約1.8キロ）。

ここは江戸時代の世襲代官江川家の邸宅で、東西18・8メートル、南北25・4メートル、建築面積522平方メートルという規模を誇る。構造的にも特筆すべき点が多く、大屋根を支える幾何学的な桁や梁、生き柱と呼ばれるケヤキの大柱、7間（約12・6メートル）四方もある大

大土間は必見

江川家住宅

土間などは必見だ。昭和33年に国の重要文化財に指定され、その後、大がかりな解体修理を受けて現在に至っている。邸内には主屋のほかに肥料蔵、米蔵、武器庫が建ち並び、さまざまな道具類が展示されている。

江川家は伊豆、相模、甲斐など5カ国の天領を支配した代官だが、その中で特に善政を敷き、韮山ひいては幕末日本の文化発展に寄与したのは第36代の江川坦庵（太郎左衛門英龍）だ。坦庵は洋学に詳しく、沿岸測量、品川台場建設、砲術指南、種痘、パン製造、さらには伊豆戸田村での西洋式造船の監督、江川塾における教育、韮山の反射炉築造などを手掛け、また書画、詩作、工芸品などの作品も数多く残している。その功績は東洋のダビンチと呼ばれる。

その江川坦庵の数多くの遺品は、江川邸わきにある町立韮山郷土史料館にも展示されている。ここには国の重要有形民俗文化財に指定されている弥生時代後期の山木遺跡からの出土品なども展示されていて、韮山の歴史と文化を詳しく学ぶことができる。

■韮山町韮山韮山1
＊郷土史料館との共通券大人400円
子供200円　9時〜17時
㊡水曜日

韮山反射炉

【韮山《にらやま》反射炉《はんしゃろ》】（国史跡）

江川邸から来た道を引き返し、韮山町役場あたりまで来ると反射炉の案内表示が現れる。その表示に従って県道136号を南下して行けば2キロ弱で反射炉に着く。

反射炉は火炉の熱を天井に反射させ、その高熱で炉床にある金属

土産ならコレ!

「温泉まんじゅう」

さっぱりしたこしあんが人気。1個50円。

御菓所あずさ
伊豆長岡町古奈137—1
☎0559-48-0486

Lunch
お昼に寄りたい

蔵屋鳴沢

韮山町中272—1
☎0559-49-1208
㊫平日11時〜22時、土・日・祝日　10時〜22時（LO21時）
無休

韮山反射炉すぐ横にあるレストラン。多彩なメニューとできたて地ビールが評判。

を溶かす装置（溶解炉）で、大砲の鋳造を目的に築造された。安政元年（１８５４）に坦庵が建設を始めたが、完成直前に坦庵が没したため、その三男英敏が父の意志を継いで完成にこぎつけた。高くそびえているのは１２５段のれんがを積み上げた煙突で、高さは約16メートル。また炉体は外面が伊豆石積み、内面は耐火煉瓦のアーチ積みになっている。ここで製造された大砲は江戸湾の品川沖台場に設置され、幕末の欧州各国による植民地政策に対してにらみを利かしたという。現在、山口県萩市などにも反射炉が存在するがこれほど完全な形で存在しているのは韮山以外にはない。大正11年に国の史跡に指定され、その後何度も補強と修理を重ね、現在に至っている。

反射炉周辺には駐車場、公園、休憩所などがあるほか、数多くの桜の木も植えられ、全体的に華やいだ雰囲気だ。

■韮山町鳴滝

木立の中に現れる尖塔

美しい鐘塔と尖塔を持つハリストス正教会

清らかな風情

【ハリストス正教会《せいきょうかい》】（県有形文化財）

ハリストス正教会は明治45年に建てられた木造建築で、高さ18メートルの美しい鐘塔と尖塔を持つ。また軒下にあしらわれた葡萄飾りも美麗で、文化財的にも貴重だ。正式名称は修善寺ハリストス正教会顕栄聖堂。

聖堂の列柱の間に描かれた聖像は女流画家山下りんの作品といわれる。ひっそりとした存在が清らかな風情を醸し、訪れる人の気持ちを和ませてくれる。聖堂の反射炉からの距離は約11キロ。天城方面へ向かう時の寄り道スポットとしても好都合のロケーションだ。

■修善寺町修善寺861

コースタイム

◆

伊豆箱根鉄道韮山駅
徒歩15分
伝堀越御所跡
徒歩10分
願成就院
徒歩40分
江川家住宅
徒歩30分
韮山反射炉
車で30分
ハリストス正教会

函南　町中をひとめぐりして熱海へ

柏谷横穴群、薬師堂、丹那断層公園、MOA美術館

古墳時代の史跡はまるで月のクレーター

函南町といえば酪農の町。ここで生まれる「丹那牛乳」は全国ブランドだが、函南の魅力はそれだけではない。古墳時代の遺跡、鎌倉時代の仏像、地球の活動を知らせる断層、手つかずの自然が残る原生林など、多面的な魅力がいっぱい。それぞれの距離は離れているが、移動中に見える何気ない町の表情も見逃せない。

歴史上の重要な資料

【柏谷横穴群《かしやおうけつぐん》】（国史跡）

国道136号を三島方面から南下し、函南町に入るとすぐに県道11号と交差する。これを右折すると伊豆中央道に通じる新国道136号になるが、それを左折して函南の市街地方面へ向かう。間もなく柏谷横穴群の案内表示が出るので、その通りに進んで行けば3キロほどで柏谷横穴群に到着する。最寄り駅は伊豆箱根鉄道の大場もしくは伊豆仁田だ。

横穴とは古墳時代、丘陵斜面に穴を掘って作った墓のことで、静岡県内では天竜川以東の東遠地方（袋井市、掛川市、菊川町など）と狩野川流域の北伊豆地方に集中している。函南の柏谷横穴群は6世紀末から8世紀の前半に作られたもので、柏谷《かしや》百穴《ひゃっけつ》の異名をもっている。火葬骨を納めたかめも発見され、最終段階の葬法を知ることができる。

焼けた亀の甲羅の破片は亀卜《きぼく》とのかかわりを連想させる。これらは伊豆地方における古墳時代から奈良時代にかけての墓制、集落を含めた社会制度全般の歴史を解明する上で重要な資料になっている。周辺は柏谷公園として整備され、家族連れが散歩に訪れるなど町民の憩いの場になっている。

■函南町柏谷

目で確かめられる断層

薬師寺の阿弥陀三尊像
（撮影・田畑みなお）

鎌倉時代、実慶作

【薬師堂《やくしどう》の阿弥陀三尊像《あみださんぞんぞう》】（国重要文化財）

柏谷横穴群から県道11号へ引き返しJR函南駅に向かう。次の目的地、薬師堂への道は分かりにくい。できれば函南駅で道案内してもらったほうがいい。

薬師堂は長源寺《ちょうげんじ》境内の裏山にある。藤原時代から江戸時代にかけて作られた20余体の仏像があることで知られるが、中でも国指定の重要文化財、阿弥陀三尊像は見逃せない。正式名称を木造阿弥陀如来《もくぞうあみだにょらい》・及両脇侍像《およびりょうわきじぞう》・三軀《さんく》という。3体から成るこの仏像は12世紀末から13世紀初頭に製作された。作者の実慶は康慶や運慶の流れを汲む慶派《けいは》に属し、写実的で力強い表現に優れた仏師で、その作風はこの三尊像にもいかんなく発揮されている。ただし、薬師堂の仏像を拝観できるのは土曜日と日曜日の午前10時から午後4時まで。

■函南町桑原
桑原区長・森睦夫さん宅
☎0559−78−2135

目印で地表のズレが分かる

【丹那断層公園《たんなだんそうこうえん》】（国天然記念物）

薬師堂から来た道を引き返して県道11号まで戻る。県道に出たら左折して熱海方面へ向かう。この道はやがて熱函道路へとつながるが、ひたすら進んでいくと、しばらくして丹那断層の案内表示が現れる。

丹那断層とは昭和5年におきた北伊豆地震（震度6、マグニチュード7.3の直下型地震）で生じた断層のずれを確認できる地点。畑《はた》地区にある丹那断層公園（国指定天然記念物）と田代地区にある火雷《からい》神社の断層（町指定天然記念物）が有名だ。

■函南町畑

総合的な文化スポット

【MOA美術館《えむおーえーびじゅつかん》】

丹那断層公園から熱函道路へ引き返し、再び熱海方面へ向かう。MOA美術館は、尾形光琳筆「紅白梅図屏風」、野々村仁清作「色絵藤花文茶壺」など国宝3点と重要文化財62点を含む3500のコレクションを収蔵した総合的な文化スポット。敷地内には茶室や日本庭園などがある。

■熱海市桃山町26−2
☎0557−84−2511
※入館料 大人1600円、高・大学生1000円、中学生700円 ㊡木曜日、年末年始

MOA美術館

Lunch お昼に寄りたい

酪農王国 オラッチェ

函南町丹那349−1
☎0559−74−4192
㊋夏期＝10時〜21時／冬期＝20時

新しいタイプの酪農体験施設。チーズ工房やレストラン、とれたて野菜の販売も。オラッチェビールやケーキがおすすめ。

コースタイム

◆ 柏谷横穴群
車で約20分（約8.2キロ）
薬師堂
車で約20分（約12キロ）
丹那断層公園
車で約20分
MOA美術館

もうひとつの旅　花と陶芸の里、南伊豆を訪ねて

料理が映える器、使いやすい器があると聞くと、そこへとんでいく人がいるらしい。そんな「器好き」のあなたには、南伊豆町の情報をお伝えしよう。もちろん、ガーデニングが趣味の人にもおすすめだ。

南伊豆の上賀茂から蛇石峠までさかのぼる青野川沿いの道を、町では「花と陶街道」と名付けてアピールしている。なるほど、素朴な農村風景の間にギャラリーや植物園が点在し、訪れる人の絵心を刺激する。

「工芸家の里」と呼ばれるようになった発端は三十年ほど前。一人の画家が伊豆の最南端に理想の空間を見出し、廃寺を買い取って窯と工房をつくった。既に画家は世を去ったが、陶芸家志望の若者たちが集うこの「岩殿寺窯」から、何人もの陶芸家が育ち、この地に窯や工房を構えるようになったのだという。また、蛇石峠をこえて松崎方向を目指す道には、個性的な植物園も現れて、楽しみはつきない。

岩船寺窯で

天神窯で

◎岩殿寺窯

静かな古寺のたたずまいのなかで、地元で活躍する新進作家の作品が鑑賞できる。

工房では器の販売や陶芸教室も開かれている。無休なので、ふらりと立ち寄れるのがうれしい。

●南伊豆町岩殿34
●☎0558-62-1440
●10時～17時　無休

◎天神窯

天神原の眺望を取り入れた山小屋造りの窯。窯を開いた柴山和貞氏の器は、温かい味わい。

●南伊豆町
●☎0558-64-8080
●10時～18時　不定休

◎ギャラリー&喫茶「風や」

田舎道から民家風のギャラリーに足を踏み入れると、モダンな陶器が出迎える。陶芸家倉前幸徳氏の作品だ。独創の紫苑釉を基調にした器は、料理を引き立ててくれる。

●南伊豆町
●☎0558-62-4546
●11時～16時　㊡火曜日
土日祝日は不定休

◎七里バラ園

灌木からハーブ類の下草まで、自然を生かしたナチュラルな景観が素晴らしい。バラの見ごろは5～6月。

七里バラ園

●南伊豆町市之瀬855-5
●☎0558-64-8204
●9時～18時　不定休
●入園料200円、苗木の販売あり

◎天神原植物園

ササユリの群落を堪能できる植物園。また季節ごとの山野草や高山植物のロックガーデンなども、花好きにはたまらない魅力。山野草の販売もしている。

●南伊豆町天神原272-60
●☎0558-64-8178
●9時～17時　無休
＊入園料　大人500円、子供300円　山野草の販売あり

◎銀の湯会館

平成8年に下賀茂温泉郷にオープンした町営温泉。大風呂のほかハーブが香る露天風呂が人気。

●南伊豆町下賀茂247-1
●☎0558-63-0026
●10時～20時（夏季21時）
㊡水曜日
●入浴＋休憩　2時間まで900円、1日1700円

天神原植物園

白糸の滝（富士宮市）

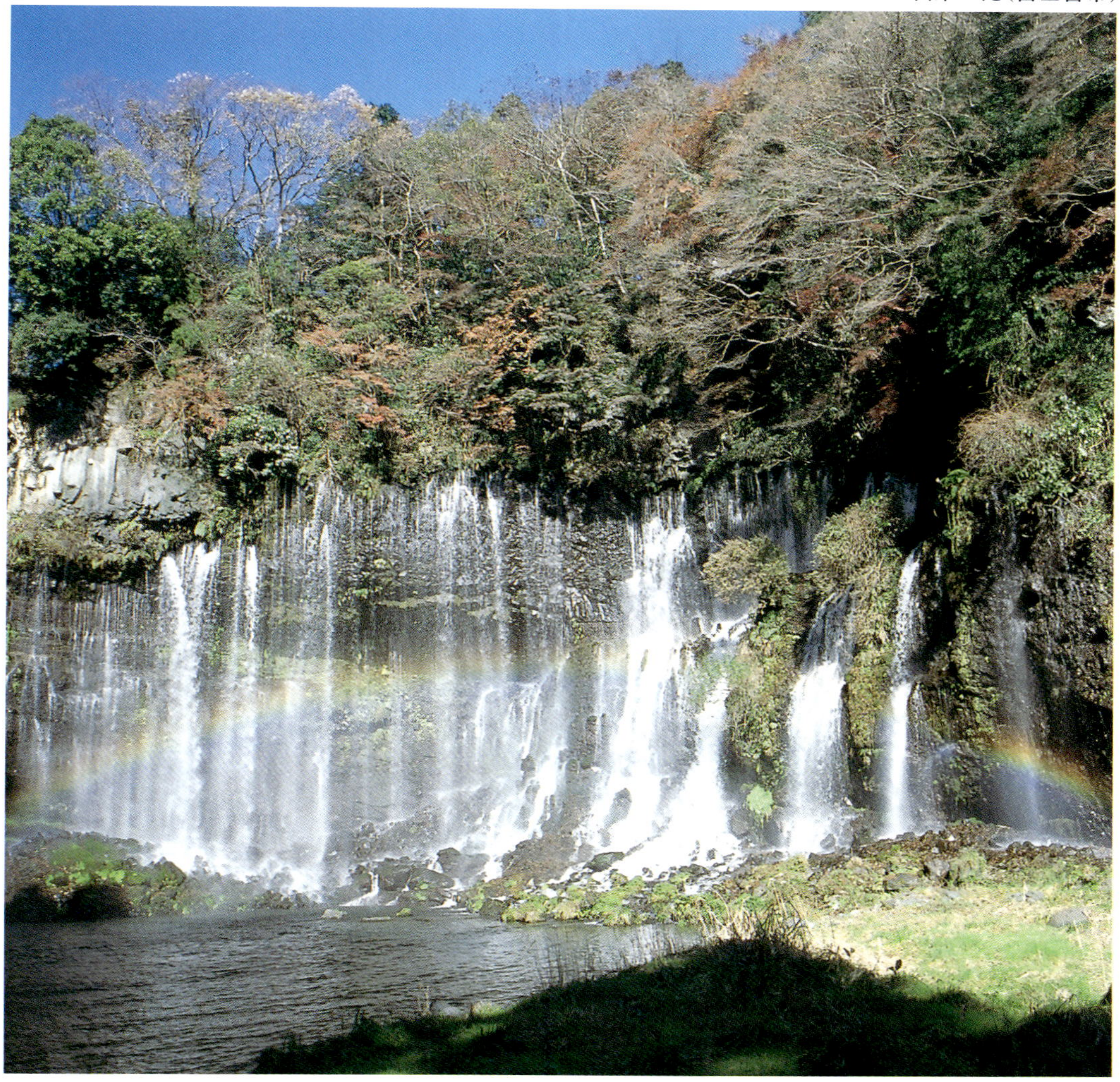

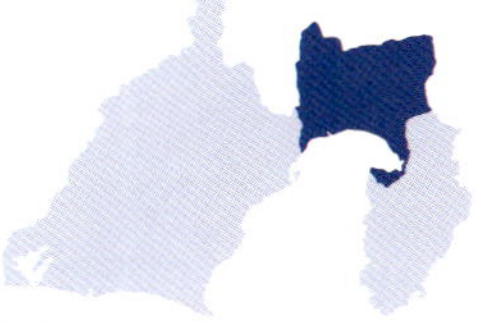

東部

EAST AREA

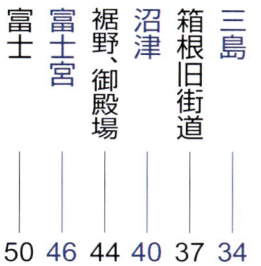

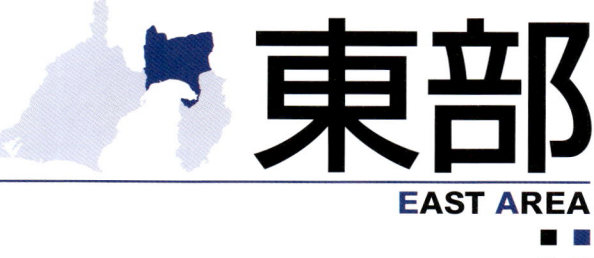

三島　水の都の町中をぶらり

楽寿園、三嶋大社、伊豆国分寺塔跡、佐野美術館

頼朝挙兵の神社や風雅な文化財

街の至るところにこんこんと湧き出る富士山の湧水、そして頼朝祈願の三嶋大社や街道の跡。静岡県の東端で神奈川（相模）と接する三島には、風雅な文化を伝えるポイントがいっぱい。まずは、JR三島駅界隈を中心にした徒歩で散策できるコースを紹介しよう。

湧水と溶岩をじっくり見てみたい楽寿園

三島大社

園内に起伏する岩肌を見て

【楽寿園《らくじゅえん》】（国天然記念物・名勝）

JR三島駅の前から県道51号を200メートルほど下ると、右側にみえてくるのが楽寿園の森。明治24年から25年にかけて小松宮彰仁親王の別邸として建てられたもので、現在は市立公園となっている。

この辺りは富士山三島溶岩流の末端とされ、67000平方メートル（約2万坪）の園内の至るところに起伏している岩肌は噴火で流れ出た溶岩。120を超す種類の植物が自然林を形成しているほか、天然池泉には富士山の雪解け水が溶岩のすき間から湧き出し、見事な景観をつくり出す。かつて豊富な湧水があったが、最近は枯渇し、地肌をあらわに見せているのがとても残念だ。

数寄屋造りの楽寿館には皇居奥宮殿の装飾画を手掛けた野口幽谷、滝和亭ら大家の作品が散りばめられ、高雅な風情を色濃く残している。内部を見学できるのは午前10時半と午後1時半の1日2回だけ。

■三島市一番町19-3
☎0559-75-2570、8555
＊入場料＝大人300円 子供50円
9時～17時（冬期16時30分）
㊡月曜日　12／27～1／2

天然記念物のキンモクセイ

【三嶋大社《みしまたいしゃ》】（本殿、幣殿、拝殿＝国重要文化財ほか）

楽寿園前からさらに南へ進み、三島のメーンストリートに出る。その道を東へ500メートルほど進むと、三嶋大社がある。源頼朝が旗揚げの際に祈願した話は有名だ。

参道を進むと両側に神池、正面に総門、神門と続き、神門の前に舞殿があり、その先に神殿（本殿・拝殿）がある。現在の社殿は慶応年間に造営されたものだが、旧態を踏襲した建築様式は神社建築史上貴重であるため、国の重要文化財になっている。

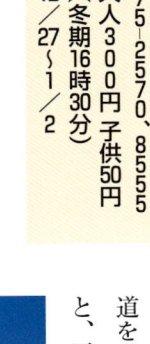

三嶋大社の桜

コースタイム

◆

楽寿園
↓ 徒歩10分
三嶋大社
↓ 徒歩15分
伊豆国分寺塔跡
↓ 徒歩15分
佐野美術館

参道東側には、三嶋大社の宝物を数多く所蔵、展示している宝物館がある。筆頭は国宝の梅蒔絵手箱（頼朝の妻、政子が奉納したと伝えられている）だが、現在は東京国立博物館に寄託されている。しかし重要文化財である銘宗忠の太刀（鎌倉時代初期）や銘相模国住秋義の脇差など貴重な宝物ばかり。境内には大社の神木である樹齢1200年のキンモクセイ（国指定天然記念物）をはじめクスノキの大木、頼朝の腰掛石、芭蕉の句碑、若山牧水の歌碑など見どころは多い。

天然記念物のキンモクセイは珍しい二度咲

■三島市大宮町2-1-5
☎0559-75-0172
＊宝物館は入場料500円
9時～16時 無休

奈良時代には壮大な塔

【伊豆《いず》国分寺《こくぶんじ》塔跡《とうあと》】（国史跡）

伊豆箱根鉄道の広小路駅の東側の商店街を200メートルほど北上し

土産ならコレ!

「福太郎」

三嶋大社の境内とJR三島駅キヨスクで買える名物。よもぎもちにあんを絡めた素朴な味。お田植え祭で種をまく福太郎のお面をかたどっている。

福太郎本舗
☎0559-81-2900

伊豆国分寺塔跡

て左折すると踏切がある。それを渡るとすぐ右側に国分寺塔跡がある。

コンクリート造りの建物の裏に回ると、奈良時代に建てられた七重塔の礎石がそのまま残っている。土壇の上に全部で8つの礎石が載っているが、その間隔から計算すると塔の高さはなんと約60メートル（17〜18階建てのビル程度）。しかも残っているのは北半分だけと考えられている（北東にかけて4500平方メートルもの広大な敷地を擁していたらしい）。礎石は昭和31年に国の史跡に指定された。

現在の国分寺は、江戸時代の初期に建てられた日蓮宗の蓮行寺という寺だった。しかし由緒ある国分寺跡地に建立されたので昭和に入ってから寺号を改めたという。奈良時代の伊豆国分寺とは直接関係がない。

■三島市泉町

日本刀コレクションがすごい

【佐野美術館《さのびじゅつかん》】

三嶋大社から国分寺方面に300メートルほど進むと県道51号との交差点に出る。そこを左に折れて約500メートル南下すると佐野美術館がある。周辺にはミシマバイカモが生育する三島梅花藻の里や源平川の川辺があり、清涼な気分を味わえる散策路になっている。

美術館は実業界で成功を収めた明治22年生まれの佐野隆一（三島市の名誉市民）が昭和44年に設立した財団法人の美術館で、生涯を通じて収集した美術品を一同に集め展示している。中でも有名な国宝の薙刀《なぎなた》・銘備前国長船住人長光造（鎌倉時代中期）は姿と作柄がよく、刃縁もさえていて、一度は見ておきたい逸品。

ほかにも国指定の重要文化財である大日如来坐像（平安時代後期）、刀・無銘吉岡一文字など見ごたえのある美術品が多数所蔵されている。隣接する「隆泉苑」（国登録文化財）で四季の懐石料理を楽しむことができる（要予約）。

■三島市中田町1-43
☎0559-75-7278
＊入館料＝500円 10時〜16時30分
㊡木曜日 年末年始

佐野美術館（庭園口）

頼朝ストーリー

鎌倉幕府初代将軍 源頼朝（1147〜1199）は伊豆の蛭ケ小島に流されて、33歳で挙兵するまで伊豆で暮らした。伊東祐親の娘八重姫や北条時政の娘政子に接近するなどなかなかのプレーボーイだったらしい。熱海の伊豆山神社は政子とのロマンスで知られる。その昔2人がナギの木の下で人目をしのんで恋を語らったことから、今ではそのナギの葉をお守りにすると恋がかなうと言われている。伊東の音無神社は初恋の八重姫とデートを重ねた場所。こちらは親に引き離された悲恋物語が伝えられている。

Lunch お昼に寄りたい

ピア・チェーレ
柿田川店

清水町伏見82-5
☎0559-81-3131
㊞11時〜23時(LO22時) 無休

国道1号沿い、柿田川記念公園すぐそばにあるイタリア料理店。ランチタイムのメニューも充実。

Dinner 夕食に寄りたい

桜家

三島市広小路13-2
☎0559-75-4520
㊞11時〜20時 ㊡水曜日

風情ある玄関が目印のウナギ専門店。創業は安政3年、現在の5代目が焼くウナギは「これぞ蒲焼き」という感動的な味。予約を入れたほうが確実。

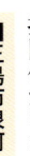

箱根旧街道を行く

錦田一里塚、山中城跡、箱根旧街道

松並木と石畳の坂道、山城も感慨深く

木々の香り、土の感触、風の流れ、歴史のにおい、文化の気配…。旧街道の石畳を歩みながら一里塚を結んでいくこのコースを踏破した時、旅人はそこに新しい箱根を見つけているはずだ。それは歩いた人にしか分からない「自分だけの」箱根…。山中城跡の頂に立つ時、その感動はクライマックスを迎える。

当時のままの形態で残る錦田一里塚

両側に完全な形で残る

【錦田一里塚《にしきだいちりづか》】（国史跡）

三嶋大社の前から東へ800メートル。国道1号との交差点を左折して3キロ弱東へ進むと錦田一里塚がある。一里塚は慶長9年（1604）、徳川家康の命により築かれた街道沿いの道しるべで、その名の通り一里（約4キロ）ごとに敷設され、参勤交代の旅程、馬や駕籠《かご》の賃金の目安、街道の旅の目印などに利用された。錦田一里塚は日本橋を起点に28番目、約112キロの位置にある。街道の両側にほぼ完全な形で残っているのは珍しく、大正11年（1922）に国の史跡に指定された。直径約10メートルの塚の上にエノキの木が植えられているので遠くからでも目立つ。ただし車で向かうと周辺の松並木にさえぎられているため見落としやすい。沼津方面から箱根方向へ走っていくなら松並木が終わる辺りを目指そう。

■三島市錦田

コースタイム

◆

三嶋大社前

↓ 徒歩20分

「史跡箱根旧街道の碑」

↓ 徒歩30分（一部石畳）

錦田一里塚

↓ 徒歩60分（一部石畳）

笹原一里塚

↓ 徒歩20分（一部石畳）

山中城跡

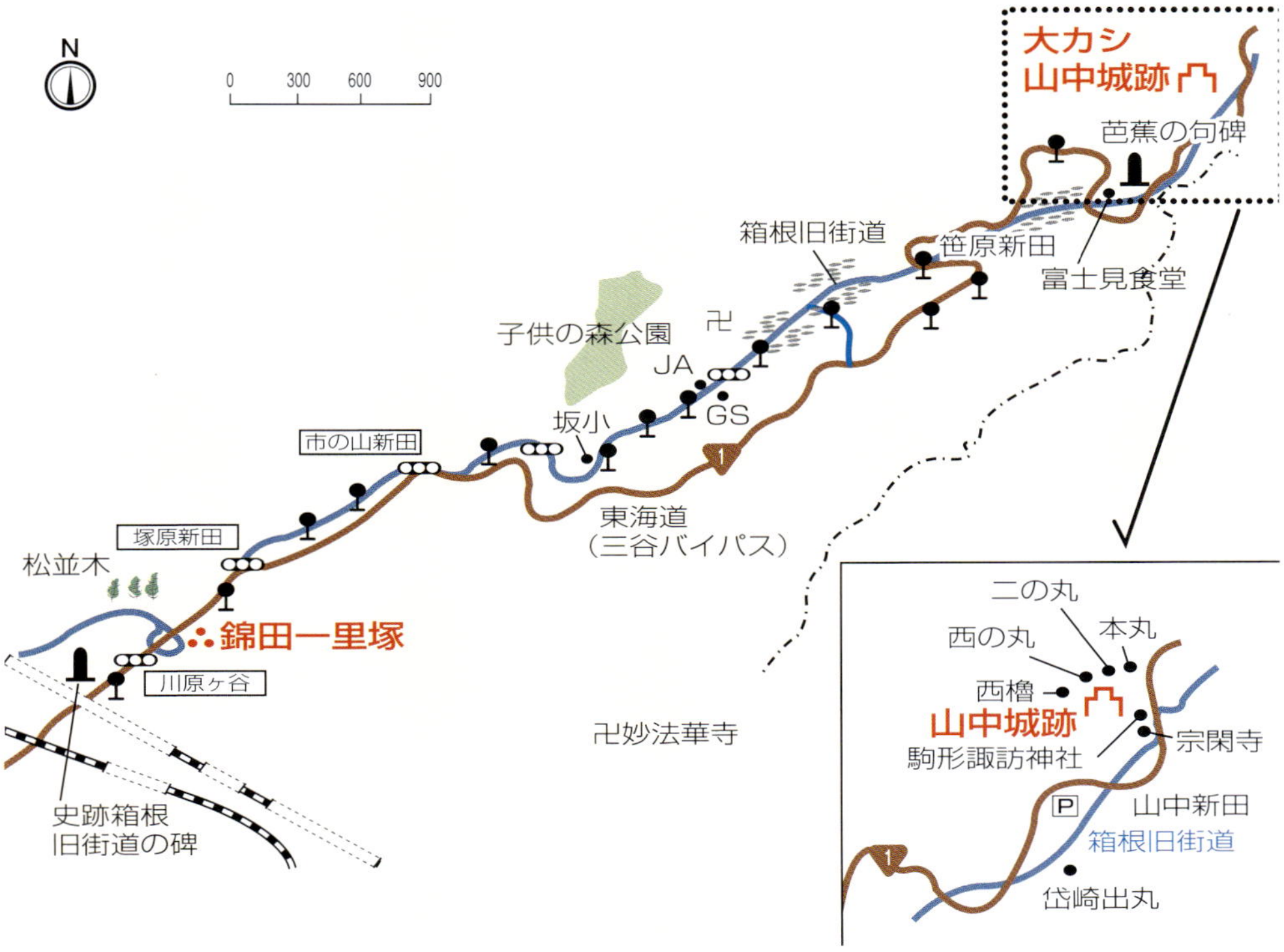

山中城跡の北にある諏訪神社の大カシは県指定天然記念物

強大な山城、堀に注目

【山中城跡《やまなかじょうあと》】（国史跡）

錦田一里塚からさらに東へ進む。うねうねと続く山道をひたすら登って行くと山中城跡がある。付近にはさまざまなハイキングコースがあり、街道の各所に山中城跡入り口の案内板が現れる。車で向かうなら山中城跡バス停のすぐ右側にある大きな専用駐車場を利用するのがベストだ。

山中城は戦国時代末期の永禄年間（1560年代）に小田原に本城を持つ北条氏が築城した山城で、その後、豊臣軍の総攻撃を受けて落城したという歴史を持つ。石を使わない土だけの山城は全国的に珍しく、今も堀や土塁が良い状態で残っている。また尾根を区切る曲輪《くるわ》の造成法、架橋や土橋の配置など、箱根山の地形を巧みに取り入れた築城の仕方も学術的に興味深い。国の史跡指定は昭和9年。

城跡は想像以上に広く、入り口によって経路が大きく変わる。今回は駐車場を起点に歩いてみた。駐車場の一番奥から北条橋を渡るとすぐに旧東海道の石畳が現れる。うっそうとした高い木立に囲まれているため道はかなり暗いが、深い歴史の匂いが充満している。

その道を左に進んで行くと100メートルほどで右側に御馬場曲輪の入り口がある。入り口の先には国道1号が再び現れ、それを渡るとトイレと広場があり、その奥に本丸へ続く道がある。あとは案内板に従って歩いて行けば三ノ丸堀、二ノ丸、西ノ丸、本丸などを自由に散策できるが、駆け足で回っても優に1時間はかかる。しかし城跡内には障子堀、本丸西橋、田尻の池、県天然記念物のカシの巨木など見どころが多い。

■三島市山中新田
◎問い合わせ　三島市観光協会
☎0559-71-5000

山中城跡で見逃せない堀。「畝堀」や「障子堀」と呼ばれる

えぴそーど

斎藤弘さん

三島市と函南町の文化財保護審議委員長

「横堀の幅は広いので敵も味方も利用できますが、畝をいくつもつくって敵が一挙に攻め上がるのを防いだんですね。堀は9メートルの深さがあり、四百年の間に堆積した土を出すのが大変でした。斜面が急なので発掘は命懸けでしたよ」

昔の人は健脚だった！

【箱《はこ》根《ね》旧《きゅう》街《かい》道《どう》】

山中城跡への道とその先は箱根旧街道。旧東海道の整備は慶長9年（1604）に始まった事業だが、石畳が敷かれたのは延宝8年（1680）のこと。これは箱根路の土質が滑りやすいという欠点を補うためで、石の前には竹が敷かれていたという。その後、文久2年（1862）に大改修が行われ、ほぼ現在の姿になった。

地図を見ると分かるが、現在の国道は激しく蛇行を繰り返しながら峠へ向かっている。それに対して旧街道はほぼ直線的に東西に延びている。つまり旧街道は現在の国道のカーブの頂点を結ぶようなルートになっている。国道1号の箱根エリアを歩いていると至る所に旧東海道の出入口が存在するのはこれが理由だ。直線に近い旧道は歩く距離は短くてすむが、必然的に坂の勾配はきつくなる。しかも舗装路に慣れてしまった現代人にとって石畳の坂道は想像以上に歩きにくく、昔の人がいかに健脚であったか思い知らされる。しかし随所に現れる杉並木、松並木、一里塚を見るたびに、少しずつ体が軽くなっていくような気がする。この感覚は江戸時代の人達も同じだったろう。

旧街道の並木。石畳を踏みしめて歩く

箱根旧街道の石碑

◎問い合わせ　三島市観光協会
☎0559-71-5000

おすすめスポット

函南原生林

函南原生林は箱根外輪山の1つである鞍掛山の南西斜面にある森。江戸時代から禁伐林として手厚く保護され、アカガシ、ブナ、ヒメシャラなどの巨樹をはじめ、貴重な植物が数多く自生している。また下流域の水田をうるおす水源涵養林として重要な役割を果たし、洪水を防ぐ機能も認められている。

原生林内は基本的に立ち入りが禁止だが、一部に限って「原生の森公園」として開放され、「学習の道」と呼ばれる遊歩道で樹齢700年の巨木などを見ることができる。周遊時間は約2時間。かけがえのない自然を守るため、園内ではマナーとルールに十分注意したい。

国道1号と県道20号に挟まれたエリアで、最も一般的なアクセスは県道20号にある富士箱根ランドバス停から進入する経路。

（函南町教育委員会社会教育課・長野康敏さん）

貴重な植物が数多く自生する函南原生林

沼津 海岸線をたどって南下

松蔭寺、興国寺城跡、大中寺、千本松原、大瀬崎

名僧白隠しのび富士の絶景を堪能

駿河湾の右肩をぐるりと囲む沼津市。北に富士を仰ぎ、東に箱根を控え、西に駿河湾を臨み、南に伊豆を従えたこの地は、古くから交通の要衝であり歴史の舞台であった。恵まれた自然環境が多くの文化人や文化財を育んできた土地柄でもある。このコースは沼津の海岸線をたどりながら、歴史と自然を堪能する。約40キロあるので、徒歩と車を組み合わせて楽しみたい。

松蔭寺

修行と行脚に生きた名僧

【白隠禅師《はくいんぜんじ》の墓《はか》】（県史跡）

まず最初に訪れるのはJR原駅から東へ線路沿いに約400メートル行った臨済宗妙心寺派の松蔭寺《しょういんじ》。ここは江戸時代の中期、一休和尚や沢庵和尚と並んで庶民に親しまれた白隠禅師ゆかりの寺だ。

白隠は地元原宿の長沢家に生まれ、15歳で松蔭寺に入り、全国を行脚して禅の民衆化に尽くした名僧。県指定史跡である白隠の墓は、本堂背後にある墓苑の一番奥。玉垣に囲まれた三基の卵塔の左端にある。岡山城主から贈られた備前焼のすり鉢が、山門南の松に「白隠のすり鉢松」として残っていて、白隠の無欲を示す逸話となっている。禅画家としても名をはせ、書や墨絵は寺宝。特に「自画像」（重要文化財）は独特の絵柄から人柄がしのばれる。

■沼津市原128
☎0559-66-0011

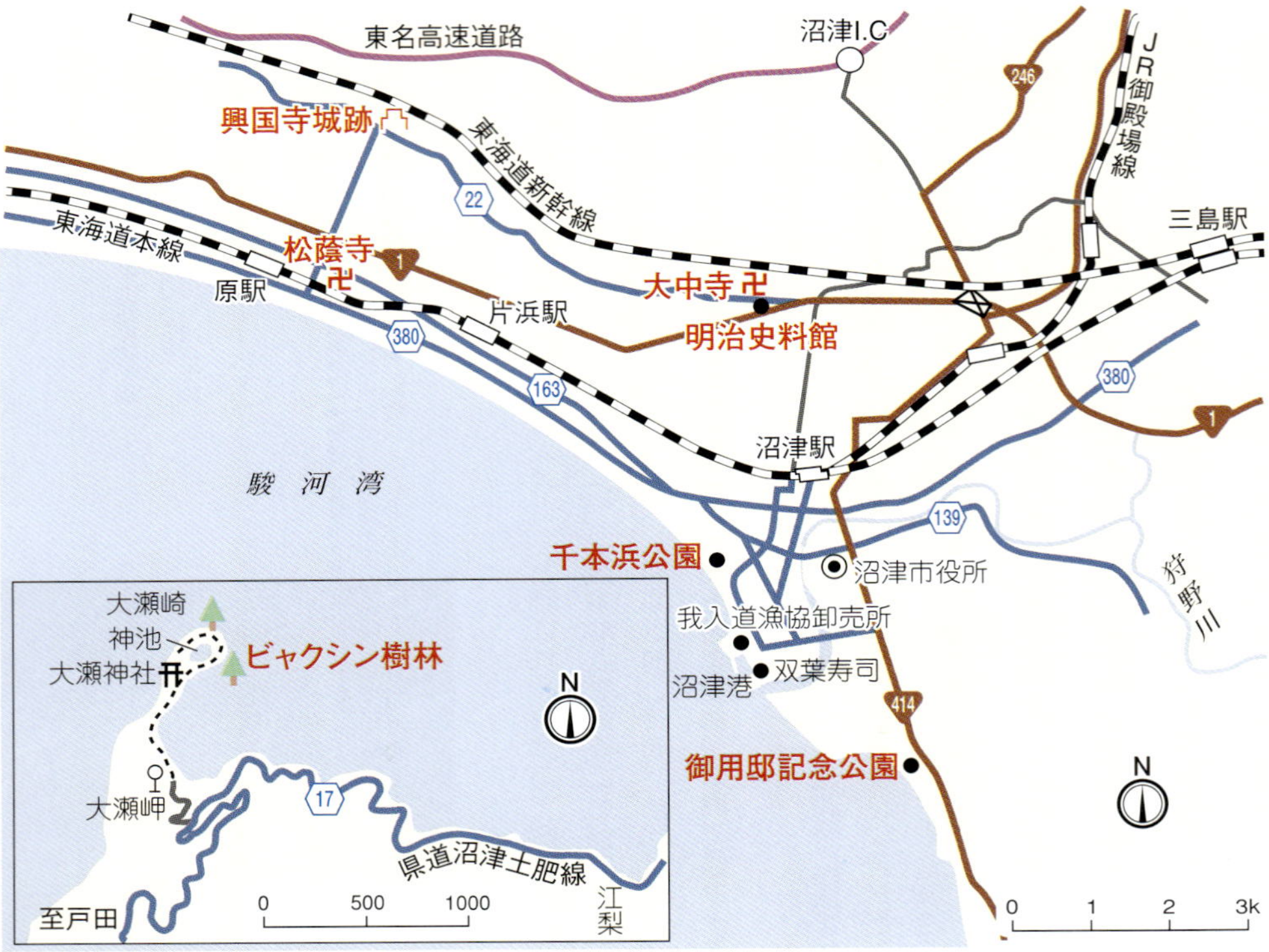

(上)興国寺城跡
(下)大中寺鐘楼門

北条早雲の旗揚げの城

【興国寺城跡《こうこくじじょうあと》】（国史跡）

松蔭寺を出て県道165号を北上すると約1.5キロで県道22号に突き当たる。そこを右折し、東根古屋バス停のわきを山側に左折すると興国寺城跡だ。

興国寺城は愛鷹山の尾根を利用して築かれた平山城で、築城は長享元年（1487）と古い。北条早雲の旗揚げの城として知られ、北条5代100年を支えた出世城でもある。一見すると南側斜面に石垣が残っている程度だが、天守台跡に登ってみると当時の土塁の形がはっきりと見て取れ、往時の景観をしのぶことができる。

周囲は深い木立に囲まれ、歴史の薫りを濃厚に感じることができる。平成7年に国の史跡に指定された。

■沼津市根古屋

隠れた名建築、鐘楼門

【大中寺鐘楼門《だいちゅうじしょうろうもん》】

興国寺城跡から再び県道22号へ戻り、そのまま東へ5キロほど進み、中沢田の交差点を過ぎたあたりの左側に臨済宗妙心寺派の大中寺がある。

ここは入り口にどっしりと立つ鐘楼門に注目したい。木造・瓦ぶき・入母屋造りの2層の楼門で、上層が鐘楼になっている。建立は天保12年（1841）。境内にある梅園と恩香殿（国登録文化財）も一見の価値がある。ともに大正天皇、昭憲皇太后をはじめとする皇室のために造営されたもので、恩香殿はアールヌーボーの趣を持つ木造建築物だ。

車の場合は、表門の約20メートル東側から回り込む。県道22号は狭い道ながら交通量が多い。歩いて散策する際は車に注意しよう。

■沼津市中沢田457

明治史料館で知識を吸収

大中寺から東へ300メートルほど行った右側にある赤茶色の建物が、明治史料館《めいじしりょうかん》。沼津兵学校を開設し、教育や産業に多くの業績を残した江原素六の屋敷跡に建てられた記念館だ。素六は明治維新の折、沼津に移住した旧幕臣。館内では幕末から明治、大正にかけての資料を整理し、明治という時代の実体を紹介している。

■沼津市西熊堂372－1
☎0559－23－3335
駐車場あり
＊入館料＝大人200円。9時～16時30分 ㊡月曜日（祝祭日翌日、月末）

明治資料館

コースタイム

◆

JR原駅
徒歩10分
松蔭寺
徒歩25分
興国寺城跡
徒歩1時間30分
大中寺
徒歩5分
明治史料館
バス10分
JR沼津駅
バス10分
千本松原

千本松原

名高い東海道の景勝地

【千本松原《せんぼんまつばら》】

田子の浦から狩野川河口の海岸線に続く広大な松林が、千本松原。ここから眺める富士山は格別に美しく、「日本の白砂青松１００選」「静岡県みずべ１００選」に選ばれている。

松林は天文６年（１５３７）、潮風に苦しむ住民たちを救うために増誉上人長円が植えたもので、古くから東海道の景勝地として知られてきた。戦中、松根油や建築材として伐採されてしまったが、地元の人たちの手でよみがえった。一帯は千本浜公園として市が管理し、市民や観光客の憩いの場となっている。周辺には井上靖、若山牧水、池谷観海らの文学碑や昭憲皇太后御座所跡などの史跡が多い。

車の場合、明治史料館からは県道22号から西熊堂交差点を右折して県道１６２号をひたすら南下。やがて千本浜公園の案内表示が出てくる。

御用邸前の海岸

修復された明治の建物

【沼津御用邸記念公園《ぬまづごようていきねんこうえん》】

千本松原から国道４１４号へ出て３キロほど南下すると右側に沼津御用邸記念公園がある。

旧沼津御用邸を沼津市が整備し、一般公開している公園で、約15ヘクタールの敷地内に当時のままに修復された西付属邸、東付属邸、梅園、厩舎などがあるほか、沼津周辺の農業や漁業に関する資料を集めた歴史民俗資料館も併設されている。

邸内は家具や調度品などの細部が見事に再現されている。西付属邸の主庭である苔庭、御用邸前に広がる牛臥・島郷海岸も必見。弓状の海岸線と松原越しに見る富士の眺望は、まぶたに焼き付く美しさだ。

■沼津市下香貫東郷２８０２−１
☎０５５９−３１−０００５

土産ならコレ!

「干物」
本場だけあって、沼津港周辺には干物の加工場や販売所がひしめく。漁協直営の我入道漁協卸売所などで。

Tea お茶に寄りたい

主馬《しゅめ》

沼津市下香貫東郷２８０２−１
☎０５５９−３１−０００５
営10時〜16時（夏期17時30分）

御用邸記念公園内にある喫茶室。いそべもち400円やあんみつ400円など、懐かしいメニューが松林にぴったり。

Dinner 夕食に寄りたい

双葉寿司《ふたばずし》

沼津市千本港町１２１−８
☎０５５９−６２−０８８５
営11時〜20時

休火曜日（月1〜2回水曜日休み）
寿司と刺身が中心の老舗。生シラス、生アジなど地元ならではの魚が味わえる。「上大寿司」2100円、「上寿司」1500円とお値段も良心的。

ビャクシン樹林

足を延ばして

【大瀬崎《おせざき》のビャクシン樹林】（国天然記念物）

御用邸公園から再び国道414号へ出て南下すると江浦湾の最奥部で道が下田方面と大瀬崎方面に分かれる。そこを左折し県道17号へ。そのままひたすら海岸線を走り続ければ大瀬崎だ。

大瀬崎は駿河湾に約1キロせり出した半島で、海水浴やダイビングスポットとしてよく知られている。琵琶島とも呼ばれる大瀬崎を前景にした富士は世界に知られた眺めだ。

大瀬崎の先端にある神池

ビャクシン樹林の入り口に建つ大瀬神社の鳥居

ここでチェックしておきたいのはビャクシン樹林。大瀬崎一帯には日本北限のビャクシン樹林があり、しかも千年以上の老樹が多い。特に半島先端部に近い巨木は壮観。人頭大の石がゴロゴロ転がっている海岸線を歩くのは多少苦労するが、見る価値は大きい。

大瀬崎の先端付近にある神池も訪ねよう。伊豆の七不思議の一つに数えられている淡水の池にはコイ、亀、ナマズなどが生息している。一説には富士山から通じる湧水とも言われているが、真偽のほどは定かではない。

裾野、御殿場 富士山ろく周辺ドライブ

五竜の滝、景ヶ島渓谷の柱状節理、駒門の風穴、溶岩隧道

ダイナミックな渓谷や神秘の風穴

富士のすそ野には滝、風穴、溶岩、湧水など、富士山が作り出した大地の芸術がいたるところにある。それは富士の息吹であり、富士の恵みであり、富士の驚異でもある。富士山にまつわるスポットを回りながら、富士とともに生きてきた人々のドラマにふれるドライブコース。

裾野景ヶ島渓谷の柱状節理（撮影・田畑みなお）

溶岩流の断面を観察

【五竜《ごりゅう》の滝】（県天然記念物）

東名高速裾野ＩＣから国道２４６号で南下し、千福交差点で県道24号に出る。二つ目の信号を西に折れ、黄瀬川にかかる橋を渡って右折すると五竜の滝が見えてくる。

五竜の滝は約1万年前に新富士火山三島溶岩流の末端にできたもので、玄武岩溶岩流の断面が観察できる珍しい滝だ。五竜の滝はその名の通り5つの滝から成り、それぞれに雪解け、富士見、月見、銚子、狭衣《さごろも》の名がついている。景勝地として知られ、新田次郎の「蒼氷」や若山牧水の歌にも五竜の滝が出てくる。

五竜の滝周辺は中央公園として整備され、遊歩道、休憩所、駐車場などがあり、ゆっくり散策が楽しめる。

◎問い合わせ（景ヶ島渓谷も）
裾野市観光協会
☎０５５９-９２-１１１１

神秘的な光景が広がる

【裾野《すその》景《けい》ヶ《が》島渓谷《しまけいこく》の柱状節理《ちゅうじょうせつり》】（県天然記念物）

五竜の滝がある中央公園を右に見ながら、来た道を北上する。国道２４６号を横切り、やがて普明寺の参道入り口に突き当たる。そこを左折し、さらに道なりに進むと1キロちょっとで景ヶ島渓谷に到着する。

景ヶ島渓谷は富士山の裾野を流れる佐野川が、玄武岩でできた裾野溶岩を約６００メートルにわたって浸食したもので、奇岩を含む景勝は全国に知られる。

柱状節理は、入り口から山道を1

古くから景勝地として知られる五竜の滝

コースタイム

◆

東名高速裾野IC

車で20分

五竜の滝

車で10分

景ヶ島渓谷の柱状節理

車で20分

駒門の風穴

車で20分

溶岩隧道

00メートルほど下ったところにある。六角形の細かな柱が何百本と集まって、高さ10メートル、幅50メートルの谷壁を形成し、その様子はまるで金の屏風を広げたよう。深い木立に囲まれた渓谷に、明るい日差しが差し込んだ光景は、実に神秘的。平成3年、県の天然記念物に指定された。

自然の作り出した芸術

【駒門風穴《こまかどふうけつ》】（国天然記念物）

国道246号に戻り、御殿場方向に進むこと約20分、やがて駒門風穴の案内板が見えてくる。

駒門風穴は富士山ろく最大級の溶岩隧道。風穴内部は本穴と枝穴に分かれ、本穴は入口から291メートル、枝穴は分岐点から110メートルある。高さの最高は約10メートル、最低部は約1.7メートル。また内部の最も広いところは約20平方メートルあり千畳敷と呼ばれている。大正11年に国の天然記念物に指定された。

内壁には無数の溶岩鍾乳石が垂れ下がり、コウモリなどの小動物も生息している。子供たちを連れて行くと、初めは気味悪がっているが、次第に探検家気分になって目を輝かせること請け合い。風穴内は四季を問わず13度を保っているため肌寒い。訪れる際は服装に注意しよう。

◎問い合わせ

御殿場市観光協会

☎0550-83-4770

駒門風穴。溶岩内部の、まだ熱い部分が流れ出した跡にできた（撮影・田畑みなお）

自然の作り出した芸術

【印野《いんの》の溶岩隧道《ようがんずいどう》】（国天然記念物）

国道246号をさらに北上し、神馬南の交差点で県道155号を経て、御殿場御胎内清宏園へ回ってみよう。「印野の溶岩隧道」とは、御胎内神社のわきにある溶岩トンネル。宝永2年（1705）の富士山噴火でできたもので、内部は人間の体内に入ったようで「印野の御胎内」の名で親しまれている。

■御胎内清宏園　御殿場市印野1832-1

☎0550-89-0249

＊入園料＝大人100円

印野の溶岩隧道　はって進むところもある（撮影・田畑みなお）

おすすめスポット

深良用水《ふからようすい》

ＪＲ御殿場線の岩波駅にほど近い県道337号をひたすら芦ノ湖方面へ登っていくと、神奈川県との県境手前1キロ辺りに深良用水の記念碑がある。

深良用水は今から約330年前の寛文10年（1670）に完成した芦ノ湖と裾野市深良を結ぶ灌漑用水路で、すべて手掘りの箱根山中のトンネル。全長は1280メートル。作業員83万3586人、工期約5年、費用7335両（現在の約10億円）を費やして造られた。水路は現在も使われていて、駿東地区の530余ヘクタールを潤しているほか、水力発電にも利用されている。

（裾野市教育委員会社会教育課・袴田稔さん）

富士宮 西ろくの古社、古寺めぐり

富士山本宮浅間大社、大石寺、狩宿の下馬桜、白糸の滝

日蓮ゆかりの寺や富士の伝説を訪ねて

霊峰富士を望む富士宮は古くから伝説を生み、歴史を育んできた地域。山ろくには多くの古社、古寺が存在し、多くの逸話や史実が残されている。このコースでは神話、信仰、言い伝えをテーマに富士宮の観光スポットを巡ってゆく。エリアが広範囲のため徒歩での移動は難しいが、それぞれの場所では、たっぷり時間をかけて散策したい。

富士山本宮浅間大社

浅間造りの本殿が見事

【富士山本宮浅間大社《ふじさんほんぐうせんげんたいしゃ》】（本殿＝国重要文化財ほか）

JR富士宮駅前を左右に走る県道414号を左に進み、県道76号との交差点を右折して北上すると、左手に富士山本宮浅間大社が見えてくる。

浅間大社は、全国に1300余社ある浅間神社の総本宮で、始まりは大同年間（9世紀初頭）にまでさかのぼる。祭神は絶世の美女と伝えられる木花咲耶姫《このはなさくやひめ》命《みこと》。駿河国の一宮。富士山を御神体として祀る。

足利氏、今川氏、武田氏などから崇敬を集め、現在の社殿は徳川家康から寄進されたもの。本殿と拝殿は弊殿によって結ばれている。本殿は楼閣造りで、2階に神座《しんざ》が設けられている。この建築様式を浅間造りと呼ぶ。

もう一つの見どころは湧玉池《わくたまいけ》。本殿後ろの溶岩の間から富士山の雪解け水が湧き出したもので、国の特別天然記念物に指定されている。

■富士宮市宮町1-1
☎0544-27-2002

見逃せない大楼門や五重塔

【大石寺《たいせきじ》】（五重塔＝国重要文化財ほか）

浅間大社から県道414号を約6.5キロ北上し、国道469号との交差点を左折、そのまま1.5キロ進むと大石寺だ。

正面の巨大な楼門をくぐり参道を行くと、古い門（三門）が現れる。享保2年（1717）に完成した正面22メートル、奥行き10メートル、高さ23メートルという大規模木造建築で、県の文化財に指定されている。その先の御影堂には、

頼朝が陣屋を置いたといわれる井出邸。井出家は鎌倉時代以降、この地の発展に貢献した豪族

湧玉池。昔、富士登山者はこの池でみそぎをしてから登った

狩宿の下馬桜。種はシロヤマザクラ。　樹齢千年以上と推定される

嘉慶2年（1388）越前法橋快恵作という日蓮の御影（等身大）が安置されている。現在の御影堂は寛永9年（1632）に再建されたものだが、これも県の文化財。

御影堂の東の方角にそびえる五重塔は寛永2年（1749）に完成した、東海一美しいと言われる塔で、心柱を礎石にした古い様式とヒヨドリ栓という新しい様式が使われていて、昭和41年に国の重要文化財に指定された。寺宝の日蓮の筆になる遺文26巻と太刀一口も国の重要文化財。

■富士宮市上条2057
☎0544-58-0800

頼朝が馬をつないだ桜

【狩宿《かりやど》の下馬《げば》桜《ざくら》】（国特別天然記念物）

大石寺から国道469号を西へ進むと約500メートルで県道75号と交差する。そこを右折し道なりに3キロちょっと進むと、左手に狩宿の下馬桜の案内板が現れる。

狩宿の下馬桜は源頼朝が巻狩りの陣屋を設けた場所にあり、頼朝が馬をつないだことから別名を駒止めの桜と言う。頼朝が山野を歩き回った時に使った桜のつえを宿所の前に刺したところ、それが根付いたという伝説もある。目通り8.5メートル、枝張り22メートルの巨木。昭和27年に国の特別天然記念物に指定された。

下馬桜の向こう側にある井出邸も見ておこう。井出邸は頼朝が陣屋を置いた、まさにその場所という。焼失のあとに再建されたものだが、その高麗門と長屋は見ておきたい。

■富士宮市狩宿

土産ならコレ!

「こけもも羊かん」

コケモモは富士山に群生する高山植物。実は紅色でさわやかな酸味があり、加工して和菓子に使われる。上品な味の「こけもも羊かん」は伝統の名菓。

藤太郎本店　富士宮市大宮町8-3
☎0544-26-4118

コースタイム

◆

富士山本宮浅間大社
↓ 車で15分（約8キロ）
大石寺
↓ 車で10分（約4キロ）
狩宿の下馬桜
↓ 車で10分（約3キロ）
白糸の滝
↓ 車で15分（約7キロ）
猪之頭のミツバツツジ

広大な大石寺

←猪之頭のミツバツツジ。開花は4月20日前後で、直径約5センチの華やかなピンク色の花を咲かせる

雪解け水が岩壁から湧出

【白糸《しらいと》の滝《たき》】（国名勝、天然記念物）

下馬桜から県道75号を再び北上すると、すぐに白糸の滝の案内表示が出てくる。右左折を繰り返すが指示通りに進めば迷わず到着できる。

白糸の滝は高さ200メートル、幅200メートルの湾曲した岩壁にかかる大小無数の滝で、まさに白糸を垂らしたような美しさ。流れる水のほとんどは、富士山の雪解け水が溶岩壁から湧き出したもので、滝壺付近は真夏でもかなり涼しい。昭和60年に日本名水百選、平成2年には日本の滝百選にも選ばれている。

白糸の滝のすぐ隣りには芝川本流にかかる音止《おとどめ》の滝がある。どちらも国の名勝、および天然記念物。

この種では日本最大級

【猪之頭《いのかしら》のミツバツツジ】（県天然記念物）

白糸の滝前の県道414号を来た方向とは逆方向に進むと、やがて道は大きく弧を描いて北上しだす。道なりに進んでいくと約6キロで左側に駐在所とJA（農協）が現れる。これが最初のチェックポイントだ。さらに600メートルほど北上すると「民宿ますみ家」が右側にある。その反対側の左へ入る路地がミツバツツジの入り口。ツツジまでは約30メートルだが、案内表示が出ていないので、注意しながら進もう（林道湯之奥猪之頭線まで行ったら行き過ぎ）。

このツツジは樹齢約200年。高さ4.5メートル、根回り1.7メートル、枝張り7メートルあり、根本から幹が7本分岐している。ミツバツツジとしては日本最大級。

にぎわう白糸の滝

足を延ばして

【西山本門寺《にしやまほんもんじ》】

JR身延線芝川駅から県道75号を北上すると、約2.5キロで右側に西山本門寺の入り口が見えてくる（案内板あり）。黒門から杉木立の間を幅の広い階段が135段続き、上るとかなりきついが、訪れた人は一瞬にして歴史舞台に立たされた気分になる。

西山本門寺は、北山本門寺を継承した日代上人が西山の地頭大内安清の助力で興国5年（1344）に開基。本堂中央奥の厨子は必見。元和年間（1615〜1624）に大阪の豪商七里久円とその子息宗円が造立し、寛永2年（1625）に安置したもので、間口、奥行きともに1.8メートルで、屋根は柿《こけら》ぶき妻入、正面唐破風付の桃山造りで、細かな細工が施された華麗なデザイン。

■芝川町西山671
☎0544-65-0242

おすすめスポット

水神社《すいじんじゃ》

JR富士駅北口から県道175号を北へ700メートルほど行くと県道396号（旧国道1号）との交差点に出る。そこを左折し道なりに3キロ弱西進すると富士川に架かる鉄橋が見えてくる。その鉄橋の手前右側にあるこんもりとした小さな森が、富士山本宮浅間大社の渡辺新宮司がすすめる水神社だ。

この辺りは江戸時代に富士川渡船場があったところ。往来が盛んになるにつれて渡船場は富士山周辺の玄関口と知られるようになり、やがて富士登山の起点として人々に認識されるようになったそうだ。水神社の水は川の水、海の水、火の象徴である富士山を鎮める水、この三つの意味があると言われている。

Lunch お昼に寄りたい

食事処・鱒の家

富士宮市猪之頭1013
☎0544-52-0201
㊕11時〜15時
㊡火曜日

県営富士養鱒場の園内にあり、塩焼き、たたきからテリーヌまで新鮮なニジマス料理のコースが食べられる。コースのみで3000円、4000円、5000円。要予約。

←西山本門寺。見事な黒門のほか寺宝の紺紙金泥法華経は国の重要文化財、樹齢300年を超える大イチョウは県指定の天然記念物

富士　北側コースと南下コース

広見公園（富士市立博物館、歴史民俗資料館）、ディアナ号の錨

海へ山へ、移り行く時間と景観の旅

富士山を望む山あいの町、駿河湾を抱く海の町、そして、全国に誇る製紙の町、富士。富士市は、ポイントによって見せる表情もさまざまなので、散策するのに飽きがこない。富士駅、新富士駅を境に北側を回る山コースと、南に下る海コースを紹介しよう。それぞれ、富士にちなんだ歴史物語がたっぷり詰まったコースだ。

開館20周年の富士市立博物館

紙の町の歴史と文化を紹介する展示

紙の町の歴史と文化を知る

【富士市立博物館《ふじしりつはくぶつかん》】

13年に開館20周年の市立博物館は、利用者数が70万人を達成、富士市の歴史や文化の情報発信地として役割を果たしている。JR富士駅または吉原駅からバスに乗り、吉原中央駅で乗り換えて約10分。博物館は広大な広見公園の中にある。

博物館のテーマは「富士に生きる紙のまちの歴史と文化」。階段を上って2階に展示品が並んでいる。紙に関する企画展のほか、富士山のコーナー、愛鷹火山南麓の火山灰層模式図などバラエティーに富んでいる。特に紙については、製紙の町の博物館として紙の知識やリサイクルの問題などを体験しながら楽しく学ぶ展示を数多く行っている。音声ガイドのほかに、それぞれの展示品に関した解説シートなどもあるのが分かりやすい。平成9年からは三島市郷土資料館、沼津市歴史民俗資料館とともに3館共同企画展を開催しているほか、今後はインターネットで収蔵資料を公開するという。

■富士市伝法66−2
☎0545−21−3380
＊観覧料　大人100円、小人50円
9時～17時（11～3月は16時30分まで）㊡月曜日（祝祭日の翌日）
年末12／28～年始1／4
ホームページ
http://www.city.fuji.shizuoka.jp/

富士の人々の生活が分かる

【歴史民俗資料館《れきしみんぞくしりょうかん》】

富士市立博物館から緩やかな登りを北上すると、右手に歴史民俗資料館が見える。木の温かさが感じられる明るい資料館は2階建ての建物で、富士の人々の生活が垣間見られる民俗的資料がたくさんある。入場無料。

歴史民俗資料館

挑戦してみたい機織り体験

2階で目を引くのは、機織り機の体験学習。受講料500円で体験できる。電話で予約をすれば、自分が織った布を持ち帰ることができるのもうれしい。問い合わせは富士市立博物館へ。

1階には浜の暮らしが分かる船の展示や、模型を使った田植えの様子、生活用品などが紹介されている。民俗の歴史を振り返るには、ぴったりの場所だ。

緑がいっぱいの広見公園。歴史を感じさせる建物が点在する

歴史的建物を一ヵ所に集めた

【広見公園《ひろみこうえん》】

博物館や歴史民俗資料館がある広見公園は、広大な敷地が特徴で、観光客や家族連れの散策ポイントとしても人気が高い。

竪穴式住居や明治時代の西洋館、武家屋敷の旧松永家住宅など、市内に点在していた建物が移築されている。博物館のすぐ南側に道しるべとなる案内看板がある。これを見ていくか、博物館にある案内パンフレットをもらっていくと便利。

八角形のとんがり屋根が目印の眺峰館や友好の広場からは、富士の町が見下ろせる。また、さまざまな作家の力作がそろう彫刻の森や全国の県の木がそろう県木の森、桜の広場などにも足を運びたい。

公園内にはトイレが3カ所。眺峰館のわきにポストが1カ所ある。

◉足を延ばして

開国へ移り変わるエピソード

【ディアナ号の錨《いかり》】

ディアナ号は、幕末(1854年)、開国を求めるロシアのプチャーチンが下田に入港した軍艦。安政の大地震による津波で破損し、戸田港へ修理に向かう途中、嵐に遭って田子の沖で沈没してしまう。120年後の昭和になって錨が引き揚げられた。錨は、駿河湾のすぐ手前まで南下した富士市三四軒屋公園にある。公園には平成6年、プチャーチンの像も建てられた。

軍艦入港を機に、船が漂着した宮島で地域住民とロシア船員たちとの交流が生まれた様子は、鎖国から開国への過渡期のエピソードとして、今も語り継がれている。

■富士市三四軒屋

ディアナ号の錨は 人の背の高さをはるかに超える大きさ

Lunch お昼に寄りたい

イル ポンテ

富士市蓼原956
☎0545-66-0735
㊰11時～15時／17時～23時 ㊡火曜日

外のテラスの赤いオブジェが目印。人気の「海の幸トマトソース」1200円は新鮮な魚介類が楽しめるパスタ。日替わりパスタランチ1000円も人気。

コースタイム

◆吉原中央駅 ＜バス10分＞ 富士市立博物館 ＜徒歩3分＞ 歴史民俗資料館 ＜敷地内＞ 広見公園 ＜徒歩50分＞ 新富士駅 ＜徒歩25分＞ ディアナ号の錨

もうひとつの旅　北駿へ古里のそばを訪ねて

御殿場プレミアム・アウトレットがオープンして以来、御殿場が活気づいている。ここ北駿のもう一つの魅力は、おめでたい時や年中行事には必ず作られるという「そば」。ダイナミックに迫る富士山をパックに、「たくみの郷」でそば打ち体験をしてみてはいかが。

そば粉、山芋、地粉（地元で採れた小麦粉）の割合が、わが家の味を決めるのだそうだ。富士山の雪解け水が小川のせせらぎを作り、その川縁にセリが育つ。このセリと、10月霜の降りる前に収穫したそば粉、そして山の奥深くで掘り出した山芋をたっぷり使って作る、「せりそば」も、また豊かな香りを楽しめる逸品だ。

食文化に触れた後は、温泉でひと汗流してリフレッシュしたい。

そば作り

まんじゅう作りにみんな真剣

◎たくみの郷

そば打ち体験施設。溶岩洞窟が観察できる御胎内清宏園や、御胎内温泉の近くにある。

●御殿場市印野1388-43
●☎&ファクス　0550-88-0330
●利用料金　1回4000円（4人分）
●㊡火曜日　年末年始
●交通案内　JR御殿場駅からバスで御胎内温泉前下車

◎ふるさと工房

「たくみの郷」に隣接するお菓子やみそ作りを体験できる施設（8月のみ夏野菜の漬物作りも）。なかでも農家の母さんたちが教えてくれるまんじゅう作りは、子どもたちに大人気。

●御殿場市印野1388-41
●☎&ファクス　0550-88-4130
●利用料金　1人500円
●利用時間　9時30分～11時30分
●㊡月火水　年末年始
●申し込みはファクスで（1回10人まで）

◎御胎内温泉

溶岩が外壁や庭、風呂に存分に生かされた温泉。深い木立に覆われた建物は、香り高い木の世界。各所から特大の富士山が堪能できる。

●御殿場市印野1380-25
●☎0550-88-4126
●入館料＋休憩料　1日大人1300円、子供800円。18時以降大人800円、子供500円
●㊢10時～21時　㊡火曜日

◎蕎仙坊

おいしさで定評のあるそば屋さん。平成元年の開店以来、吟味した素材と奥深いそばの味で、人里から離れた富士山ろくの立地にもかかわらず、休日ともなれば待合室からあふれ出た人が外に並ぶ。自家製のそば豆腐、鴨焼きなど酒の肴やお酒の種類も豊富。そばがなくなり次第、店じまいとなるのでお早めに。

●裾野市須山字下二本木1737
●☎0559-98-0170
●㊢12時～15時／17時～20時
●㊡月曜日、第2・4火曜日

◎ヘルシーパーク裾野

平成13年4月にオープンしたばかりの市営温泉健康施設。温泉風呂をはじめ温水プール、サウナ、和室、レストランなどを完備し、人気を博している。

●裾野市須山3408
●☎0559-65-1126
●料金　中学生以上3時間　温泉とバーデプール両方使用800円、片方使用500円。
●㊢10時～21時（11月～3月は20時）
●㊡木曜日　年末年始

ヘルシーパーク裾野

春、花に彩られた久能山東照宮（静岡市）

中部
CENTRAL AREA

蒲原、由比　旧東海道をたどる

由比本陣公園、正雪紺屋、小池邸、薩埵峠

細く曲がった道に庶民の生活の跡

細く曲がった道の両脇に、昔ながらの町並み。由比町を中心とするコースには、たくさんの歴史と文化、庶民の生活の跡が見て取れる。旧東海道は、今日もリュックサックを背負った人たちが景色を見上げ、歴史的建物に足を止めながら散策を楽しんでいた。あなたも東海道400年の歴史を機に、江戸時代にタイムスリップして旅人になってみてはどうだろう。

㊤大正時代の洋館、五十嵐歯科医院の外観

㊦五十嵐歯科医院の室内

擬洋風建築の建物

【五十嵐《いがらし》歯科《しか》医院《いいん》】（国登録文化財）

ＪＲ新蒲原駅から舗装されたきれいな道路を約10分歩くと、旧東海道筋に見えるのが大正時代の名医、五十嵐歯科医院。大正時代にはやったといわれる洋風建物だ。南側がガラス窓、羽目板が横に張ってある下目板張りの白い壁がまぶしい洋館の姿を、今もそのまま残している。

内部はほとんど和室で、一般的な大正時代の住宅とあまり変わらない。かえって外観とのギャップが興味深いので、のぞいてみるだけでも楽しいだろう。水道がほとんどない時代に井戸水を2階の診療室まで通したポンプや配管も残っている。

■蒲原町蒲原3—23—3

コースタイム

◆

五十嵐歯科医院

電車で3分　新蒲原駅から由比駅まで

由比本陣公園

徒歩1分

正雪紺屋

徒歩30分

小池邸

徒歩40分

薩埵峠

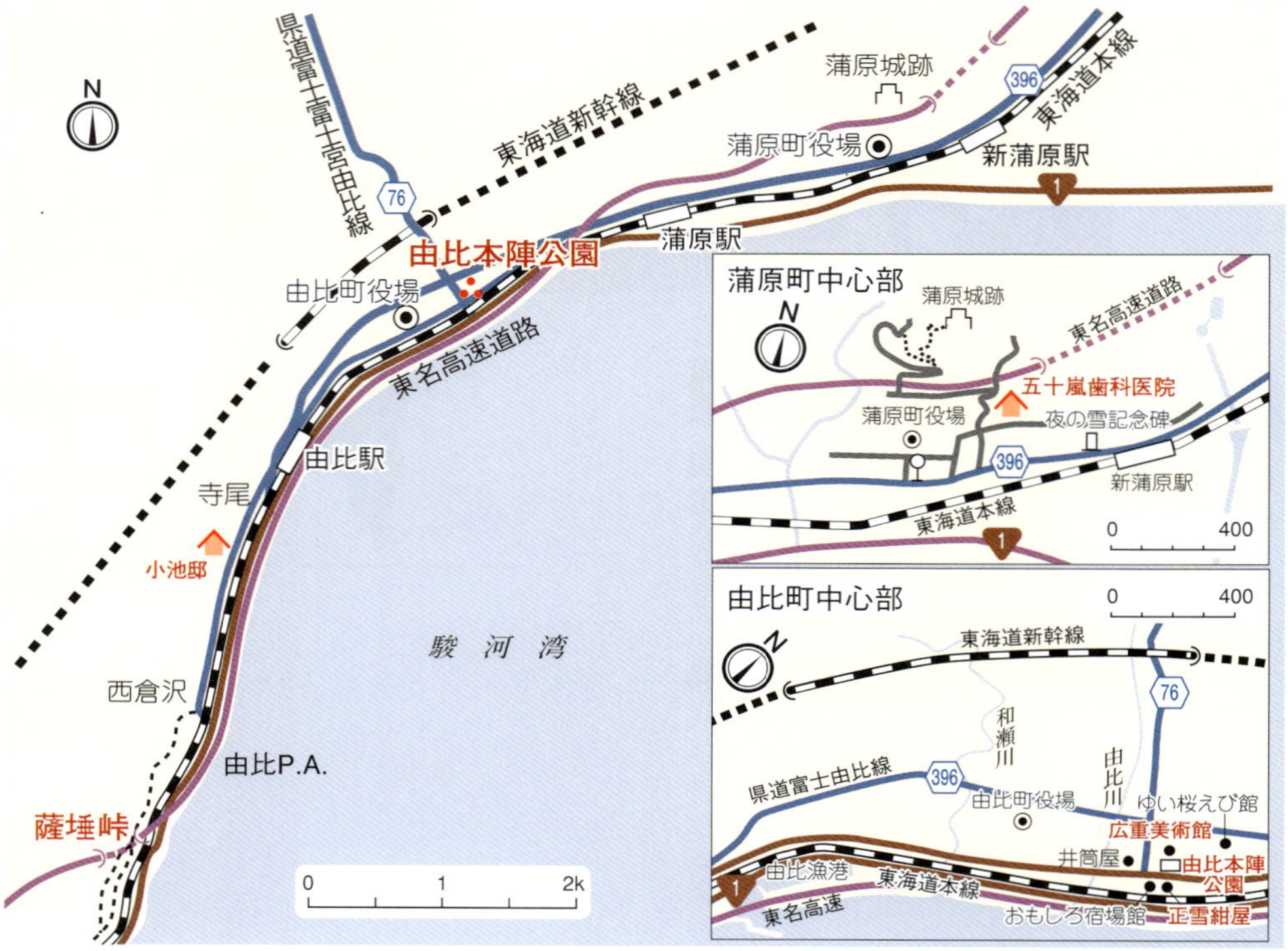

由比本陣公園入り口

由比本陣記念館「御幸亭」

東海道の面影

品川から数えて、東海道16番目の宿場、由比宿。庶民の旅が盛んに行われるようになった江戸時代、由比宿には大名や公家などが泊まる本陣をはじめ、お供が宿泊する脇本陣、旅人用の旅籠《はたご》など、たくさんの宿が立ち並んでいた。東海道中膝栗毛でも、往時のにぎわいぶりは見て取れる。現在、時代の流れに沿って宿場町はその面影を変えつつあるが、町並みと、町を愛する人たちの情緒ある生活ぶりは変わっていない。

JR由比駅をはさんで東西に伸びる旧東海道は、道路は舗装されて交通量も少なくないが、約6キロにわたって東海道の歴史を色濃く残している。薩埵峠《さったとうげ》方面に行く以外は道が比較的平坦なので、歩きやすいのもうれしい。

由比駅を挟んで東西に延びる旧東海道。味わいのある町並み

東海道由比宿をしのぶ

【由比本陣公園《ゆいほんじんこうえん》】

由比本陣は東海道筋で唯一、当時のまま残されている本陣跡地で、正門と石垣、木塀、馬の水のみ場のほか、明治天皇が小休止するのに使った離れの館を記念館「御幸亭」として復元している。JR由比駅から徒歩で約25分、旧東海道沿いにある。御幸亭は、茶室や結仁斎《ゆうじんさい》を備えた建築で、抹茶を堪能しながら庭園を鑑賞できる。

広重の浮世絵「東海道五十三次保永堂版」や東海道五十三次に関する作品を紹介する東海道広重美術館も公園内に併設されている。

東海道広重美術館
■庵原郡由比町由比297-1
☎0543-75-4454
＊入館料　一般500円、大学生・高校生など300円、小・中学生200円　9時～17時（入館は16時30分）
㊡月曜日、休日の翌日、年末年始
由比本陣記念館「御幸亭」
＊入館料　500円（抹茶付き）

小池邸。内部には貴重な古文書が残っている

温かさが残る染物屋

【正雪紺屋《しょうせつこんや》】

旧東海道の通りをはさんで、由比本陣公園の向かい側にあるのが正雪紺屋。江戸幕府の転覆を図った由比正雪の乱で名を残す正雪の生家として伝えられ、現在は18代目当主の私邸でもある。屋根の造りも格子も、温かみのあるのれんも、往時をしのぶ建物だ。

家業が400年も続いたというこの場所は、今でも江戸時代の面影を残したまま、染物屋が営まれている。藍染用のカメや染物に使う道具、染め場が残っているのが興味深い。

■由比町由比68
☎0543-75-2375

正雪紺屋。昔の染場が残っているのは珍しいという

散策途中の休憩場所に

【東海道《とうかいどう》名主《なぬし》の館《やかた》小池邸《こいけてい》】（国登録文化財）

JR由比駅から徒歩10分くらい西に歩いた倉沢、寺尾付近では、旧東海道の家並みが残され、江戸時代の雰囲気が味わえる地域だ。狭い道路は、車の往来があるとやや歩きにくいが、その狭さにまた味がある。

小池邸は、明治時代に建てられたものを由比町が改修、修復した建物で、国の登録文化財になっている。平成8年に町が小池邸を購入、由比の新しい休憩スポットとして、散策途中にある資料館としてよみがえった。低い軒の瓦ぶき、くぐり戸の付いた大戸や格子、100年前の美しさを残す石垣にナマコ壁。すべてに当時の民家の面影が強く残されているのが特徴だ。

内部は、太い柱や梁のほか、いろりや床の間、千本格子などの建具などを見ることができる。小池邸に伝えられている検地帳など、歴史的に貴重な古文書も展示されている。

■由比町寺尾464
☎0543-76-0611
9時30分～15時30分（3月～10月）10時～14時30分（11月～2月）
㊡月曜日、旧盆、年末年始
※臨時休館、開館時間は変更することもある。

富士の眺めは必見

【薩埵峠《さったとうげ》】

由比宿と興津宿の間にそびえる薩埵峠はおよそ3キロの峠道で、東海道の難所として知られていた。山を登りきったところに駐車場があるが、峠を越えるには徒歩で行く必要がある。興津方面に向かう道は地蔵道と呼ばれ、まず入り口にトイレが、そこから150メートルほど先に展望台がある。ここからの富士の眺めは必見だ。特に冬場の富士が美しい。

そこから250メートルほど歩くと、今度は案内看板とあずまや。さらに西へ進むと東海道標がある。ここを越えると坂道は急になる。

薩埵峠がある山は、磐城山という名だったが、峠付近の海中から地蔵菩薩の石像が見つかり、山頂に安置されたときから薩埵山に変わったという。武田信玄と今川氏真との合戦が繰り広げられた場所でもある。

薩埵峠定番の眺望。富士山と駿河湾と由比の町

清見寺は歴史の舞台にもしばしば登場する（写真＝清水市）

足を延ばして

東海道屈指の名刹

【清見寺庭園《せいけんじていえん》】（国名勝）

清見寺は7世紀創建と伝えられる、東海道屈指の名刹。徳川家をはじめ、歴史の要人が愛した寺として名高い。特に山本道斎作の池泉庭園は徳川家康が柏樹を手植えするほど気に入っていたといわれている。JR興津駅から歩いて15分ほど、石段を登った上にある寺だ。

寺への入り口は東海道線より南側にあるため、線路を横切って本堂へと入っていく。東海道線を走る列車と清見寺を写真に収めるのも一策だ。通用路は車も通る細い道なので気をつけたい。

敷地に入ると、右側に家康が接木をしたといわれる臥龍梅《がりょうばい》や正和3年（1314）の銘がある県指定文化財、梵鐘《ぼんしょう》などがある。建物を越えて北側に国の名勝に指定されている庭園が、入り口から向かって左側に五百羅漢がある。

眼下に広がる清見潟《きよみがた》の景色は、東海の名区と呼ばれたものである。江戸時代、清見寺は朝鮮通信使の宿舎にも使われていた。それを受けて平成6年、境内全域が朝鮮通信使関係の史跡に指定されている。裏山には琉球王子の墓もある。

■清水市興津清見寺418
☎0543-69-0028

土産ならコレ！

「桜エビ」

桜エビは全国に知られる由比の特産。天日で干した素干しや釜揚げなど、格別の味わい。

街道沿いの海産物問屋や由比桜エビ館で。

Lunch お昼に寄りたい

井筒屋

由比町由比314
☎0543-75-2039
営11時30分～14時、17時～20時
休月曜日

サクラエビの生、釜揚げ、香ばしいかき揚げなど、さまざまな料理で味わえる。「由比定食」1300円がおすすめ。また、旧東海道の面影の濃い東倉沢地区の倉沢屋でも「桜エビづくし」コースが味わえる。

清水

清水港周辺

清水港テルファー、鉄舟寺、龍華寺、三保松原

港の歴史をひもとき、伝説の場所を歩く

巴川の変遷とともに、その中心地を移しながら発展した清水。次郎長の暮らした町として、漁業や商工業など海の窓口として、そして「天女の羽衣」などの伝説の地として数々の名所を残す清水市は、訪ねてみたい場所がたくさんある。長い歴史と文化を振り返りながら、時に現在のサッカーの街を楽しみながら、のんびり歩くのにはちょうどいい。

清水港の昔と今が融合

【清水港《しみずこう》テルファー】（国登録文化財）

清水市の新たな観光スポット、エスパルスドリームプラザへは、静岡鉄道新清水駅から歩くこともできるし、JR清水駅からは無料シャトルバスが出ている。この新名所の建物裏にあるのが、清水港テルファーだ。

清水港テルファーは、荷役用のクレーン。昭和3年に、木材を貨物に積み込む荷役機械として作られた。

当時としては最新設備で、コストと作業時間を大幅に削減、短縮するものとして昭和48年まで活躍していた。平成10年に補修工事が行われ、現在はマリンパークのシンボル的存在となっている。

また、清水港の発展の歴史的遺産として、また水陸の交通の要として港湾の近代化に貢献したとして、平成12年2月には国の有形文化財に登録された。

若者に人気のドリームプラザやマリンパークと、歴史を物語るテルファー。清水港の昔と今が、ここに融け合っている。

清水港

清水港テルファー。テルファーの場所は、マリンパークの遊歩道およびエスパルスドリームプラザの裏庭的なところ。サッカーの街を感じさせるフットサル場や、ベンチやテーブル、軽食が食べられる店があり、大人から子供まで楽しめる

数々の文化財がある鉄舟寺

国宝や重要文化財を堪能

【鉄舟寺《てつしゅうじ》】（錫杖＝重要文化財ほか）

広い通りにほぼ面している鉄舟寺。清水港テルファーからは一度JR清水駅へ戻り、バスを利用すると便利だ。「忠霊塔方面行き」か「市立病院行き」などの日本平方面行きのバスに乗る。15分ほどで「鉄舟寺」のバス停に着くと、すぐに荘厳な造りの入り口と石階段が見える。

鉄舟寺は、かつては久能山の山頂にあった寺（久能寺）で、武田信玄が駿河を侵攻した際に移転した。現在の寺名になったのは、明治維新後。廃寺だった寺を山岡鉄舟が中心となって再建し、名前も改められた。

本堂に向かう石段を上っていって、右側にあるのが宝物殿庭園。見どころは、国宝に指定されている「紙本墨書法華経」（久能寺経）や重要文化財に指定されている青銅製の錫杖。錫杖の柄は木製で、平安時代の銘が見られるのが特徴だ。そのほかにも、源義経が使ったという横笛など多彩な寺宝がそろう。横笛は今でも吹くことができ、堂内のスピーカーからその美しい音色を堪能することができる。

本堂への階段はかなり急で大変かもしれないが、参拝者が使える杖が役に立つ。高い場所から見下ろす景色はまた、一味違ったものがあるはずだ。

エスパルスドリームプラザは映画、ショッピング、グルメなど多彩に楽しめるアミューズメント施設

■清水市村松2188
☎0543-34-1203
＊宝物館入場料 大人300円、小人150円 9時〜16時
無休

コースタイム

◆

清水港テルファー
↓ 清水駅経由バス15分
鉄舟寺
↓ 徒歩5分
龍華寺
↓ 徒歩90分
三保松原

庭園と日本最大最古のソテツ

【龍華寺《りゅうげじ》】（ソテツ＝国天然記念物ほか）

寛文10年（１６７０）、日近上人創建の龍華寺は、鉄舟寺や日本平パークウェイ入り口、サッカーの日本平スタジアム入り口などがある大きな幹線道路にほぼ面した場所にある。バス停は目の前。鉄舟寺からはわずか１００メートルほどの距離になる。

龍華寺はその眺望の素晴らしさから「富士見寺」とも呼ばれ、見どころは庭園と国の天然記念物の大ソテツ。入り口を入ってすぐ右側に、木々と池が見事に調和した日本庭園が広がる。大規模ではないが、のんびり散策するにはぴったりの場所だ。

この庭園よりやや上方の山側を歩くと、日本最大にして最古の大ソテツがある。根回りが6メートル、枝が58本、樹齢１１００年。周囲にもソテツが生い茂る様子は、大変迫力がある。すぐ隣には、かつて滝沢馬琴も絶賛したという須弥山《しゅみせん》式の庭園。日本最古の造園方式で作った庭は観富園と名づけられ、市の文化財に指定されている。ちなみに本堂と庭園は、紀伊・水戸両家の寄進のもと、天下の名匠を集めて10年がかりで造られたという。敷地内には文豪高山樗牛《たかやまちょぎゅう》の墓、年代推定３００年の大サボテンなどもある。

■清水市村松２０８５
☎０５４３-３４-２８５８
＊拝観料３００円

緑豊かな龍華寺の庭園

大迫力のソテツは国の天然記念物

天女が羽衣を置いて泳いだ

【三保松原《みほのまつばら》】（国名勝）

久能街道など、主要幹線道路を三保方面に進み、海がほど近く感じられるようになるころ、総延長7キロの松林が姿を現す。三保松原は約5万4千本の松が生い茂り、五大松原の1つに数えられる場所だ。

主要道路からはやや奥まったところにあるが、案内看板が出ているので見つけやすい。入り口には、土産物屋や海産物屋などが建ち並ぶ。

階段を上りきると、そこからは深い砂浜。砂が重いのでサンダルなどでは歩きにくいが、少し歩くと海と松原、遠くに富士と、色のコントラストが素晴らしい景色が広がるだけに、ぜひ散歩してみたい。

松原の中央付近には、天女が舞い降りたといわれる伝説の場所、羽衣の松がある。近くには全国有数のウインドサーフィンのゲレンデがあり、マリンスポーツを楽しむ人たちでにぎわっている。

観光地としてだけでなく、近隣の人々の散策の場にもなっている三保松原

Lunch
お昼に寄りたい

清水すしミュージアム

清水市入船町１３-１５
☎０５４３-５４-３３６１
㊡11時～21時

エスパルスドリームプラザ内。こだわりの味を提供する「すし屋」が軒を連ねる。握り、どんぶり、回転寿司とお好みで。

◉足を延ばして

数々の文化財が見られる古刹

【霊山寺《れいざんじ》】（仁王門＝国重要文化財ほか）

ＪＲ清水駅からバス（北街道線）に乗って大内観音入り口。ここから霊山寺までは、徒歩で約45分の距離だ。

途中までは舗装された道で、案内看板も出ていて歩きやすい。しかし、ふもとからは曲がりくねった石段の山道。ここから約20分は、標高１５０メートルほどの寺まで、ひたすら山登りになる。夏は暑さが厳しいが、春には桜の名所として知られている。

山道を登ると、まず寄棟造茅ぶき屋根の仁王門に出る。室町時代の永正13年（１５１６）建立は県内で２番目に古く、国指定の重要文化財だ。

仁王門を入ると、右手に鐘楼が、上方に本堂が見える。市の文化財に指定されている本堂には回廊があって、市街地を一望できるのが気持ちいい。本堂の内陣には、県の文化財に指定されている千手観音と二十八部衆が並ぶ。

■清水市大内597
連絡先 高部公民館
☎0543－46－0828

寄棟造茅ぶき屋根の仁王門。重要文化財（写真＝清水市）

静岡 県都を彩る歴史絵巻

久能山、浅間神社、市役所、県庁本館、新光明寺、清水寺

今川、徳川氏の栄枯から近代まで

今川、徳川を中心とした史跡が多く点在する静岡市。午前中にバスや車を利用して久能山東照宮を拝観し、午後は市中のコースを歩いて回れば、一日たっぷり楽しめる。市中心部は一乗車１００円という便利な周遊バスも運行されているので、上手に活用したい。幾多の戦火をくぐりぬけ、いにしえの息吹を今に伝える文化財の価値をいま一度、実感してみよう。

久能山東照宮

文化財の宝庫！

【久能山東照宮《くのうざんとうしょうぐう》】（国重要文化財）

JR静岡駅または新静岡バスターミナルからバスで30分。徳川家康を祀る久能山東照宮へ行くには、国道150号久能海岸の久能山下バス停で降りて1159段の石段を上がるか、日本平までバスで上がってロープウェイで行くか、2つの方法がある。石段コースはかなりの運動になるが、眼下に駿河湾の絶景が楽しめる。

ひと汗かいたところで朱塗りの権現造りの社に到着。総漆塗り、極彩色の豪華な社殿群が目の前にそびえる。15棟の諸建造物が国の重要文化財。日光東照宮に先んじた江戸初期の代表的な建造物である。久能山はもともと7世紀推古天皇の時代に久能忠仁が観世音菩薩を安置して久能寺を開いたのが起源で、330坊が立ち並ぶ名刹だった。武田氏の侵攻で久能城が築かれ、寺は清水の鉄舟寺に移転。武田氏滅亡後は徳川家領地となり、家康がその遺言によって葬られた。東照宮は二代将軍秀忠が険しい山頂に1年7カ月という短い期間で造営し、家康を東照神君として祀ったものである。

社務所前の久能山東照宮博物館は徳川歴代将軍の武具や刀剣類、関連の書画、古文書など国宝・重要文化財75種2777点を含む2000点余りを収蔵する日本屈指の歴史博物館。お参りの後はぜひ立ち寄りたい。

■静岡市根古屋390
◇社務所 ☎054-237-2438
◇博物館 ☎054-237-2437

素晴らしい彫刻の唐門

桜の花が満開の静岡浅間神社

コースタイム

◆

- 久能山東照宮
- バス35分
- JR静岡駅
- バス20分
- 臨済寺
- 徒歩10分
- 静岡浅間神社・賤機山古墳
- 徒歩20分
- 駿府城址
- 徒歩2分
- 静岡県庁本館
- 徒歩1分
- 静岡市役所本館
- 徒歩10分
- 新光明寺
- 徒歩20分
- 清水寺

家康幼少の修行寺

【臨済寺《りんざいじ》】（本堂＝国重要文化財ほか）

JR静岡駅からバスで20分、臨済寺は今川家の人質となっていた幼少の徳川家康が預けられた寺。武田や徳川の兵火で二度焼失したが、後に家康によって再興された。庭園は国指定名勝、本堂は国重要文化財。修行寺のため一般の拝観はできない。

■静岡市大岩町7－1

臨済寺には家康が使った手習い道具など貴重な品物が残っている

一千年の至宝

【静岡浅間神社《しずおかせんげんじんじゃ》】（社殿＝国重要文化財ほか）

臨済寺から麻機街道を南へ直進、徒歩10分で〝おせんげんさん〟こと静岡浅間神社に着く。

参詣の人々が絶えない静岡浅間神社

㊤大歳御祖神社 向拝「麒麟」

㊦「楊香　虎をつかんで親を救う」

八千戈神社蟇股には「二十四孝」（中国、元の時代の孝行物語）の彫刻がある。

そのうち十六が彫刻されている。彫刻下絵は地元駿府の絵師中川梅縁が描き、立川和四郎が彫ったものである。

（撮影・田畑みなお）

神部《かんべ》神社、浅間《あさま》神社、大歳御祖《おおとしみおや》神社の三社からなる。今川家初代範国は駿河守護になった年に参拝し、能役者観阿弥が能を奉納、徳川家康もここで元服式を行ったという格式ある神社だ。

文化元年（1804）から60年かけて建築された漆塗り極彩色の社殿群は国重要文化財。境内には家康が元服したときの着初めの腹巻きや賤機山古墳出土品などを展示した静岡市文化財資料館がある。

■静岡市宮ヶ崎町102−1
◇神社 ☎054−245−1820
◇資料館 ☎054−245−3500

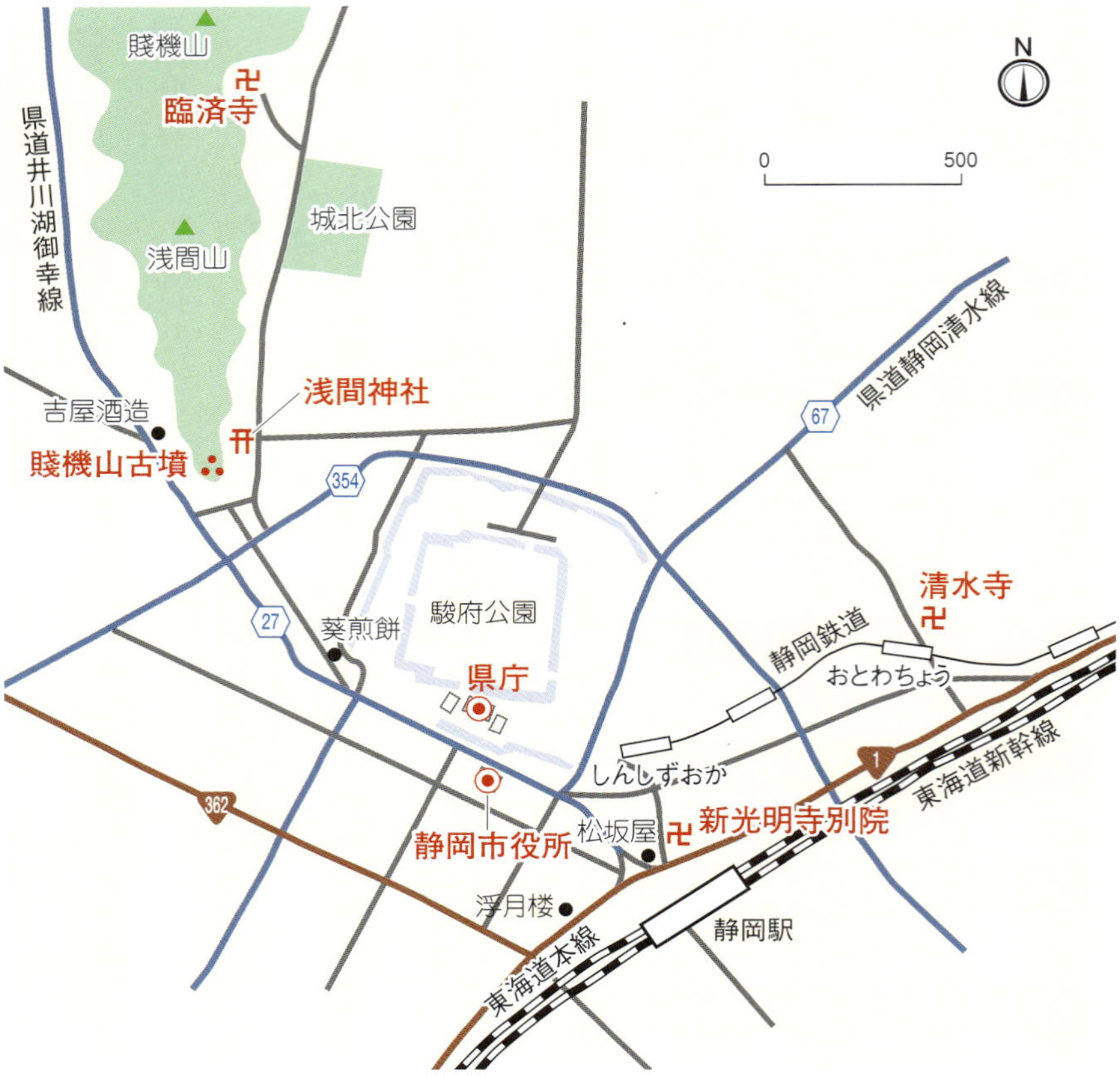

山古墳

古代のロマンに浸る

【賤機山古墳《しずはたやまこふん》】（国史跡）

静岡浅間神社の境内から賤機山を少し登ると、こんもりとした緑の円い古墳が見えてくる。直径約32メートル、高さ約7メートルの横穴式石室墳。6世紀頃の有力豪族の墓と考えられ、家形石棺《いえがたせっかん》の周囲から出土した豊富な土器や武具類は静岡市文化財資料館に展示されている。

駿府公園内に復元された東御門

よみがえる大御所文化

【駿府《すんぷ》城址《じょうし》】

浅間通り商店街をぶらり歩きした後は駿府公園でひと休み。

静岡市民憩いの駿府公園は、天正13年（1585）、徳川家康が築城した駿府城の跡。平成元年に巽やぐら、平成8年に東御門が復元され、往時の雄姿を伝えている。園内には鷹を持つ家康の風格あふれる銅像と、お手植えのミカンの木（県指定）がある。桜やツツジの名所としても知られ、市民に親しまれている。

近代名建築の粋

【静岡市役所本館《しずおかしやくしょほんかん》と静岡県庁本館《しずおかけんちょうほんかん》】（国登録文化財）

江戸大御所時代から一気に昭和にタイムスリップしよう。静岡のシンボル静岡市役所本館と静岡県庁本館は、ともに昭和初期、建築家中村與資平の設計によって造られた近代遺産。平成8年に文化財登録された市役所本館は外壁の随所に施されたテラコッタ（装飾用陶器）や、市の王冠をイメージしたドームなど、スペイン風の造形美が印象的。昭和9年作とは思えない斬新で画期的なデザインだ。

平成13年に登録された県庁本館は昭和12年に完成した帝冠様式の4階建て建物。欧風の外壁に和風の特殊瓦をのせ、正面中央だけ赤褐色の瓦の塔屋を設けて5階建てとし、塔頂を社寺建築風にデザインした和洋折衷の風格ある建造物である。

■静岡市役所　静岡市追手町5-1
■静岡県庁　静岡市追手町9-6

県庁本館建築秘話

静岡県庁は静岡市役所本館を設計した浜松市出身の中村與資平の設計とされているが、実は設計料が高すぎたことから懸賞募集することになり、400点の応募作品の中から選ばれたデザインの基本構想を取り入れ、中村が実施設計を行ったもの。日本古来の手法を生かそうとヨーロッパ調の外壁に瓦屋根をのせ、正面中央だけを5階建てにして社寺風の塔頂に仕上げ、威厳を醸し出している。いわゆる「帝冠様式」と呼ばれる様式で、日中戦争が始まった昭和12年（1937）完成という時代の精神も表現されているようだ。

スペイン風の造形美が印象的な静岡市役所本館

風格ある県庁本館

駅前ビルでお宝発見!

【新光明寺別院《しんこうみょうじべついん》の阿弥陀如来《あみだにょらい》】（国重要文化財）

JR静岡駅前の松坂屋北館向かいにキングサイズの紳士ブティックがある。そのビルの6階に浄土宗新光明寺別院があり、国の重要文化財に指定された阿弥陀如来像が祀られている。同寺は貞永元年（1232）法然上人の法孫・源誉上人が創建したと伝わる。源誉は鎌倉三代将軍実朝の子・千寿丸で、鎌倉幕府が倒れた後、北条政子の温情で僧籍となって命を永らえた人物といわれている。阿弥陀如来像は奈良西方寺の快慶作阿弥陀立像と酷似していることから、快慶作と推察される。

凛とした切れ長の目、胸部から腹部にかけての豊かな質感はいかにも快慶作品らしい。拝観はいつでも無料でできるというのもうれしい。

■静岡市伝馬町11–3
☎054–253–6231

新光明寺別院の阿弥陀如来像（撮影・田畑みなお）

えぴそーど

山本泰彦さん 新光明寺住職

山本住職は阿弥陀さまが重要文化財級の仏像とは知らず、静岡大火に遭ったときは台座を背負って逃げたという。寺を足久保へ移転する際、指を一本折ってしまったときも簡単にとめておけばいいと思っていたが、奈良の仏師・松久朋琳氏に見せたところ、「快慶作ではないか」と驚きの返事。X線で調べた結果、胎内に五輪塔があり、昭和60年に重要文化財に指定された。

戦国の世から何度も戦火に遭い、近年、静岡大火や第二次大戦の空襲で寺が焼失したときも生き延びた阿弥陀さま。台座に破損・修繕の痕があり、作者の署名が失われたため、快慶作と確定は出来ないものの、その存在は時代を超越し、普遍の価値を伝えているようだ。「文化財を秘仏にするのはおかしい。多くの人に見ていただくのが本来の姿」という 住職の心遣いもありがたい。

今川・徳川ゆかりの寺

【清水寺《きよみずでら》】（観音堂＝県有形文化財ほか）

伝馬町通りを東へ20分ほど歩くと“きよみずさん通り”とぶつかる。左折して静岡鉄道の踏切を越え、少し歩くと清水寺に着く。今川義元が兄氏輝の遺志を受け、家臣朝比奈丹波守元長に命じて創建させ、徳川家康が観音堂や厨子を建立し、家光も伽藍の修築をした今川・徳川ゆかりの寺である。鐘楼は蓮をモチーフにした支柱が意匠に優れ、平成11年の本堂の登録に続き、12年に国の有形文化財に登録された。本堂、鐘楼とも同じ設計者。東洋建築を学んだことが如実に現れている。

■静岡市音羽町27—8
☎054—246—9333
静岡鉄道音羽町駅から徒歩1分

清水寺鐘楼

土産ならコレ!

地酒「忠正」

宝暦元年（1751）創業の伝統蔵。賤機山のふもとで醸される。徳川慶喜が静岡に居住した際、同行した勝海舟、山岡鉄舟らに辛口の地酒として愛飲された。

吉屋酒造　静岡市材木町6
☎054－271－0005

「葵せんべい」

浅間通り商店街を代表する老舗。明治2年の創業以来、厳選した原材料で手焼きの伝統の味を守り続けている。徳川家の葵の紋をかたどった味噌風味の瓦せんべい「葵大丸」や落花生入りの「駿府太鼓」がおすすめ。

葵煎餅本家　静岡市馬場町２０
☎０５４－２５２－６２６０
９時～２０時(水曜～１７時３０分)
無休

Lunch お昼に寄りたい

浮月楼

静岡市紺屋町11－1
☎054－252－0131

徳川十五代・最後の将軍徳川慶喜が明治以降、約20年を過ごした徳川幕府代官屋敷跡に建てられた料亭。庭園は当時の趣きを伝える「東海の名園」として名高い。昼懐石は5000円～、夜懐石は10000円～。

また敷地内に新設された懐石・吟醸レストラン「浮殿」では昼弁当2300円～、夜のコース5200円～、20時30分以降は一品料理600円から気軽に楽しめる。静岡の吟醸酒100種を揃えた酒庫が自慢。

やなぎもとなおのスケッチウォーク その1

静岡 登呂遺跡

遠足や修学旅行でおなじみの登呂遺跡。今度はスケッチブック片手に歩いてみませんか。面白い発見がきっとあるはず。

【静岡市立芹沢銈介美術館　せりざわけいすけびじゅつかん】

登呂遺跡公園内にある美術館。型絵染で人間国宝となった故芹沢銈介（静岡市出身）の作品のほか、芹沢が収集した世界の民芸品約600点を所蔵。公立では珍しい染色品を専門に扱う美術館として、全国から愛好者が訪れる。

■静岡市登呂5-10-5　☎054-282-5522

■9時～16時45分（入館16時30分まで）休み月曜日、月末、年末年始

■入館料　大人410円、高校生250円、小中学生150円

■ＪＲ静岡駅北口バスターミナル４番線から登呂遺跡行き、終点下車（約20分）。徒歩5分。同駅南口からタクシーで約10分。

やなぎもとなお
（イラストレーター
焼津市在住）

DATA

【登呂遺跡　とろいせき】

静岡市登呂にある弥生時代の水田、集落、森林の跡。1943年、建設工事に伴って偶然発掘され、戦後の発掘調査の成果は日本の古代史に大きな影響を与えた。国の特別史跡に指定され、史跡公園として公開保存されている。家屋や倉庫が復元され、出土品は博物館に展示されている。

【静岡市立登呂博物館　とろはくぶつかん】

登呂遺跡公園の一角にある。１階では四季の登呂むらの仕事と生活を疑似体験できる、全国でも珍しい参加型展示。講座や催し物も多彩に行っている。

■静岡市登呂5-10-5 ☎054-285-0476

■9時～16時30分　休み月曜日、月末、年末年始

■入館料　大人200円、小中学生50円

■ＪＲ静岡駅北口バスターミナル４番線から登呂遺跡行き、終点下車（約20分）。同駅南口からタクシーで約10分。

岡部

旧東海道岡部宿

品川から数えて、東海道五十三次の21番目にある岡部宿。鎌倉幕府の御家人であった岡部氏と深いかかわりをもつ歴史の古い宿場町は、スケッチコースとしても快適。出発は旅籠柏屋から。心地よい汗を流そう。

【木喰仏　もくじきぶつ】
江戸時代、木喰上人が全国を旅しながら彫った木喰仏が町内に6体残っている。光泰寺の聖徳太子立像は柳宗悦が絶賛したもの。また、准胝菩薩観音立像は高さ214.5センチで県内最大の木喰仏。

■光泰寺　岡部町内谷424　☎054-667-0255（見学の場合は事前に確認を）

【蔵元初亀　くらもとはつかめ】
旧道沿いに門を構える初亀醸造。建物が古い町並みに映える。能登の名人瀧上秀三杜氏が仕込んだ酒は、全国にファンを持つ。
■岡部町岡部744　☎054-667-2222

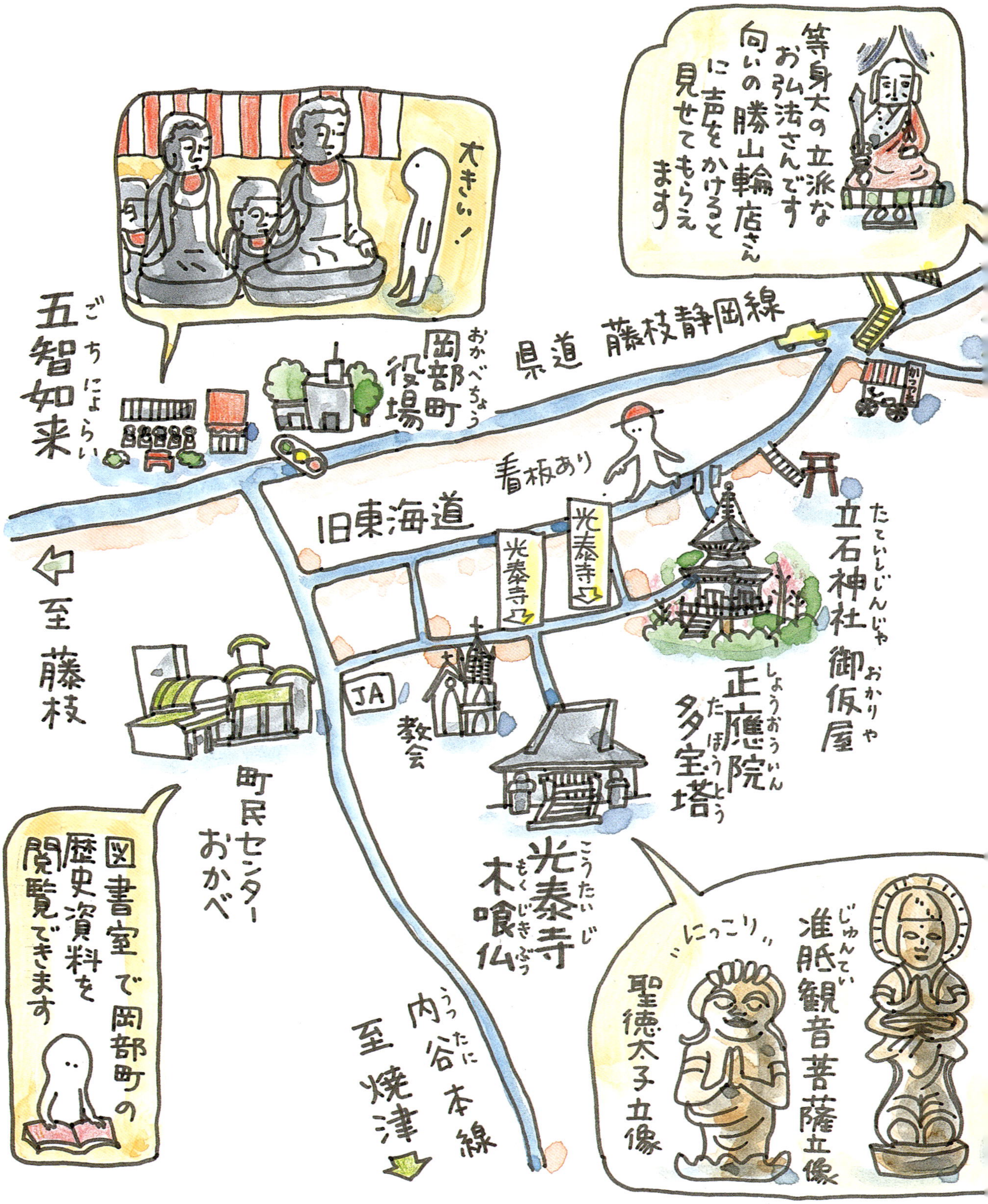

DATA

【大旅籠柏屋　おおはたごかしばや】

岡部宿の代表的な旅籠。現在の建物は江戸の天保７年（1836）に建てられたもの。柏屋山内家は岡部でも屈指の名家で、160余年を経た今も住まいの随所に創建当時の痕跡がみられる。東海道筋における貴重な建物として平成10年、国の登録有形文化財として登録された。現在、歴史資料館として公開されている。

■岡部町岡部817　☎054-667-0018

■9時～17時（入館16時30分まで）

■入館料　大人300円、小中学生150円

■交通案内　国道１号利用の場合、藤枝バイパス広幡ICから岡部市街方面へ約5分、または静岡方面から宇津ノ谷トンネルを抜け約3分。バス利用の場合は、JR藤枝駅から中部国道本線で岡部北口下車（約30分）、JR静岡駅北口からも同様（約40分）。

静岡、岡部 蔦の細道で峠越え

柴屋寺、丸子城跡、宇津ノ谷峠、明治のトンネル

柴屋寺の山門

蔦の生い茂る東海道の難所

東海道の難所、宇津ノ谷峠の麓に広がる二つの宿場町を結ぶルートは、平安時代より東西をつなぐ主要道として栄えた。街道沿いには由緒ある神社仏閣が点在し、見どころも多い。枯山水の庭園で知られる泉ケ谷の柴屋寺から、丸子城跡を中心に整備された遊歩道を通り、伊勢物語に登場する蔦の細道を歩いて峠を越える、魅力にあふれた歴史探訪コースを紹介しよう。

銀閣寺を模した借景園

【柴屋寺《さいおくじ》】（国名勝・史跡）

丸子路を西に進み、丸子川の支流に沿って泉ケ谷地区に入ると、肌に触れる空気が穏やかになる。駿府匠《すんぷたくみ》宿《しゅく》を過ぎ、曲がりくねった細い道を200メートルほど歩くと、右手に柴屋寺の山門が見えてくる。

柴屋寺は室町中期の1504年、今川六・七代当主に仕えた連歌師宗長が草庵を結び余生を送った名刹で、京都銀閣寺を模した庭園(国指定名勝・史跡)で知られる。

嵯峨野から移植したという竹林が茂る風流な門を抜ける。竹細工を売る店で拝観料を払い左手の本堂へ。枯山水の庭は、丸子富士、天柱山など自然を巧みに取り入れた見事な借景園。畳敷きの部屋から全体が眺められるようになっている。寺は、月の出る様から吐月峰《とげっぽう》の名を冠して呼ばれることが多い。月が出るのを座って待ったという「月見石」の背後には、師の宗祇と並んで宗長の墓が安置されている。宗長の足跡は「宗長日記」として残されており、戦国時代の重要な史料となっている。

足利義政からの文福茶釜や一休和尚からの鉄鉢など、寺にたまわった寺宝も保存、公開されている。

■静岡市丸子3316
☎054-259-3686
＊拝観料　大人300円、小中学生200円　9時～16時30分　不定休

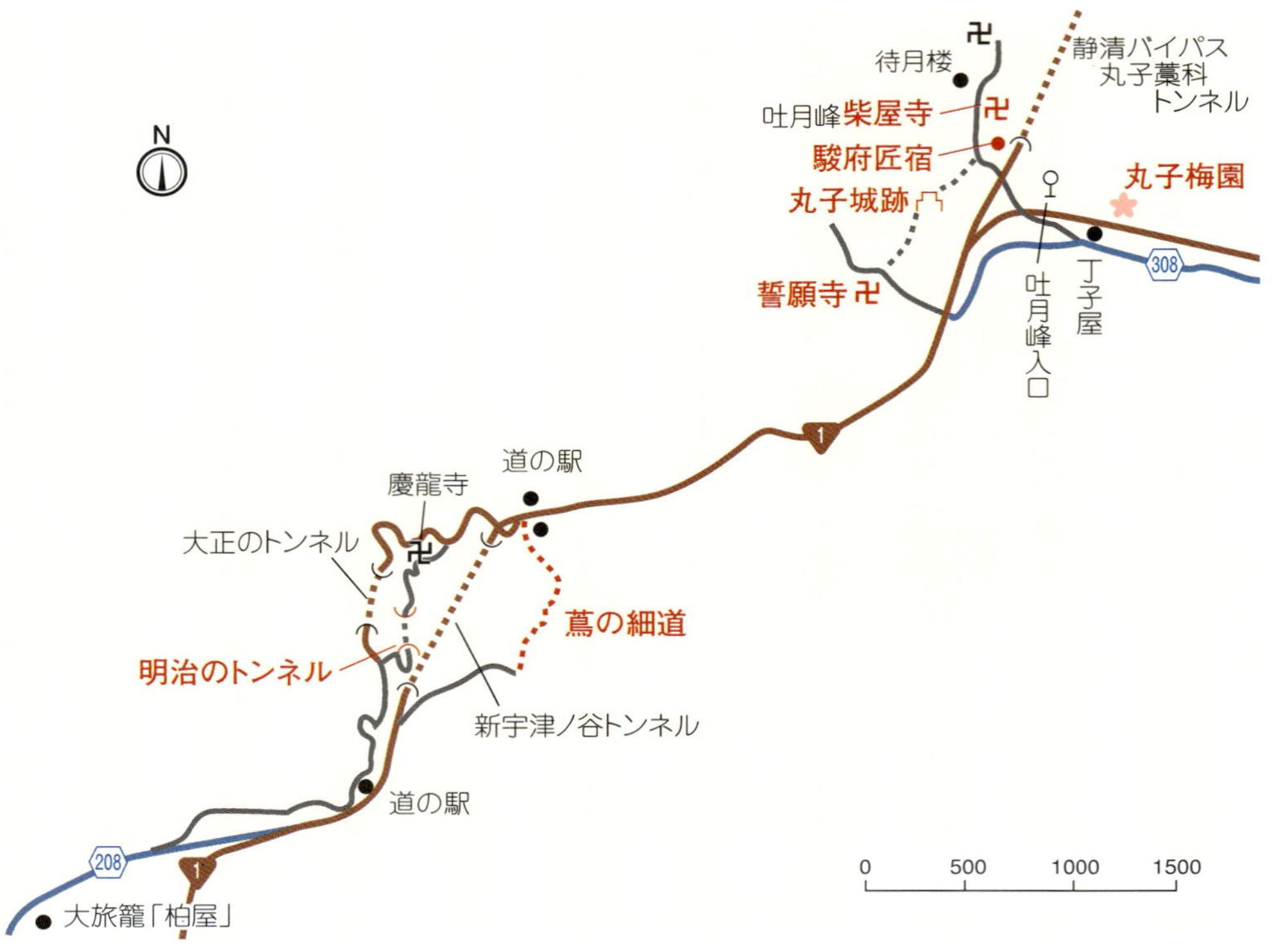

丸子城本丸跡。今川氏の北城と武田氏の南城を連結して完成した丸子城

楽しい体験スポット「駿府匠宿」

戦国の歴史を刻む誓願寺 山門

険しい山を利用した駿府防衛の要

【丸子城跡《まりこじょうあと》】

駿府匠宿まで戻り、本館西側「おもしろ体験館」のわきから細い山道を登って行くと、30分ほどで丸子城跡に着く。丸子城は今川氏親の時代に駿府防衛のため築かれた山城。室町時代の初めから戦国動乱の終わりにかけて約１５０年間使われ、別名を宇津ノ谷城、三角山城とも。尾根沿いに南北約５００メートルにわたって曲輪が階段状に作られている。

案内板を参考に大手曲輪《おおてぐるわ》、土塁、空濠などを見学したら南城の本丸跡に向かう。城跡全体の面積は1.3ヘクタール。ゆっくり回ると1時間はかかりそうだ。丘越えのルートは「丸子の里自然歩道」として整備されているが、下りは落ち葉が積もった傾斜のきつい山道なので慎重に歩きたい。頂上から西側ふもとの誓願寺までは20分ほど。長い直線の階段が見えたら目と鼻の先である。

大阪冬の陣発端の舞台

【誓願寺《せいがんじ》】

誓願寺へは、体力に自信がなければ国道1号を経由しよう。１キロメートルほどなので、あっという間だ。

鎌倉時代・建久年間に源頼朝が両親の菩提《ぼだい》を弔うため建立したと伝えられるが、天文年間の丸子城の戦火で類焼。その後、武田信玄によって伽藍が再建され、さらに昭和3年に現在の形に改築された。駐車場脇の山門が、歴史の重みを感じさせる。

境内右手の池にはモリアオガエル(市指定天然記念物)が生息し、５月～７月にかけて産卵風景が楽しめる。本堂の背後に広がる借景式の庭園も見逃せない。

この寺は大阪冬の陣の発端となった舞台としても知られ、豊臣秀吉の重臣であった片桐且元《かたぎりかつもと》夫妻の墓が本堂南側の山中にある。

■静岡市丸子5807
☎054-259-8611

旧東海道の面影が残る

歌に詠まれた東海道の難所

【蔦《つた》の細道《ほそみち》・宇津ノ谷峠《うつのやとうげ》】

国道1号に戻り、バス停「二軒家」からバスに乗り、４つ目の「宇津ノ谷入り口」で下車。距離にして3キロメートル弱なので、のんびり歩いてもいい。この先が東海道の難所のひとつ、宇津ノ谷峠だ。

峠越えは平安時代の古道「蔦の細道」と、豊臣秀吉が小田原征伐のために開いた旧東海道の２つのルートがある。蔦の細道の上り口は、道の駅の売店の先。目印の石碑が建っている。ここを通って峠を越えた在原業平は伊勢物語の中で「駿河なる宇津の山べのうつつにも　夢にも人にあはぬなりけり」と歌い、蔦やカエデが生い茂る寂しい雰囲気を伝えた。

現在はハイキングコースとして整

コースタイム

◆

柴屋寺
30分
丸子城跡
20分
誓願寺
65分
蔦の細道入り口
40分
宇津ノ谷峠
20分
明治のトンネル

流す汗も心地よい旧東海道

蔦の細道・岡部側入り口

備され、30分ほどで頂上に着く。下りは道幅が細く斜度もややきついが、業平の歌碑や「猫石」などを眺めながらの味わいのある道。茶畑を抜けた先にある自然石の階段では転倒に注意しよう。峠から20分ほどで岡部側に到着。水飲み場や芝生の広場が設けられた「つたの細道公園」があり、疲れた身体を休ませるのにちょうどいい。

つたの細道公園

日本初の有料トンネル

【明治《めいじ》のトンネル】（国登録文化財）

峠を越えるもう一方のルートは、国道1号宇津ノ谷トンネルの東から北側の山に入る細い道を進む。魔除けの十団子で知られる慶龍寺、豊臣秀吉が小田原の北条氏の征伐に赴く途中に立ち寄った「お羽織屋」を経て、緩やかな山道を30分ほど汗を流せば岡部宿に抜ける。

山歩きが苦手な人は、北側にある明治のトンネルを利用してもいい。最初の隧道は延べ15万人、2年をかけて明治6年に作られたが、測量技術が未熟で「く」の字に曲がり、照明もなく通行人はカンテラを持参したという。現在の赤れんがのトンネルは、明治37年に県に移管され改修して直線化したもので、全長207メートル。

明治のトンネル丸子側。足を踏み入れると、ひんやりと涼しくて実に快適。坑道内のランプが当時をしのばせる

「宗長とろろまんじゅう」

和菓子屋　月ケ瀬
☎054-259-1762
自然薯を素材にした風流なまんじゅうで、柴屋寺の茶席でも親しまれている。駿府匠宿内でも販売。

Lunch
お昼に寄りたい

たくみ亭

駿府匠宿の中にある和食処。名物のとろろ汁をはじめ、丸子の素朴な郷土料理が堪能できる。セットメニューも充実。

静岡市丸子３２４０－１
☎０５４－２５６－１５２１
㊎９時～１７時　㊡水曜日(祝日を除く)

藤枝 瀬戸川流域の旧東海道

志太郡衙跡、郷土博物館、蓮華寺池公園、田中城下屋敷

歴史の証人を訪ねロマン街道を行く

瀬戸川流域の旧東海道周辺には、藤枝の歴史を物語る貴重な史跡が数多く残り、博物館・資料館も充実している。奈良・平安から江戸の世、そして近代へ。千余年の時を一気に駆け抜け、歴史ロマンを満喫しよう。ルートのほとんどが平地の舗装路で交通の便も良く、休憩場やトイレも随所にあるので、お弁当を持ってピクニック気分で出かけてみたい。

志太郡衙跡。東の丘からの全景

古代の地方政治を物語る

【志《し》太《だ》郡《ぐん》衙《が》跡《あと》】（国史跡）

JR藤枝駅から藤枝バイパス谷稲《やいな》葉《ば》インターに通じる県道216号を北上し、並木が美しい緩やかな坂道を30分ほど歩く。この辺りの丘陵地は、住宅地としての整備も進み、藤枝の新しい顔となっている。高層団地を左に見ながら保健センターの前を右折すると、その先に国指定史跡の志太郡衙跡がある。

この史跡は昭和52年、団地造成に先立つ発掘調査で発見された、奈良・平安時代の役所の跡。御子ケ谷と呼ばれていた谷間の水田、東西80メートル南北70メートルの範囲から、30棟の掘立柱建物《ほったてばしらたてもの》の跡や板塀、

コースタイム

◆

JR藤枝駅

徒歩40分

志太郡衙跡

徒歩65分

藤枝市郷土博物館・蓮華寺池公園

徒歩55分

田中城址

徒歩15分

田中城下屋敷

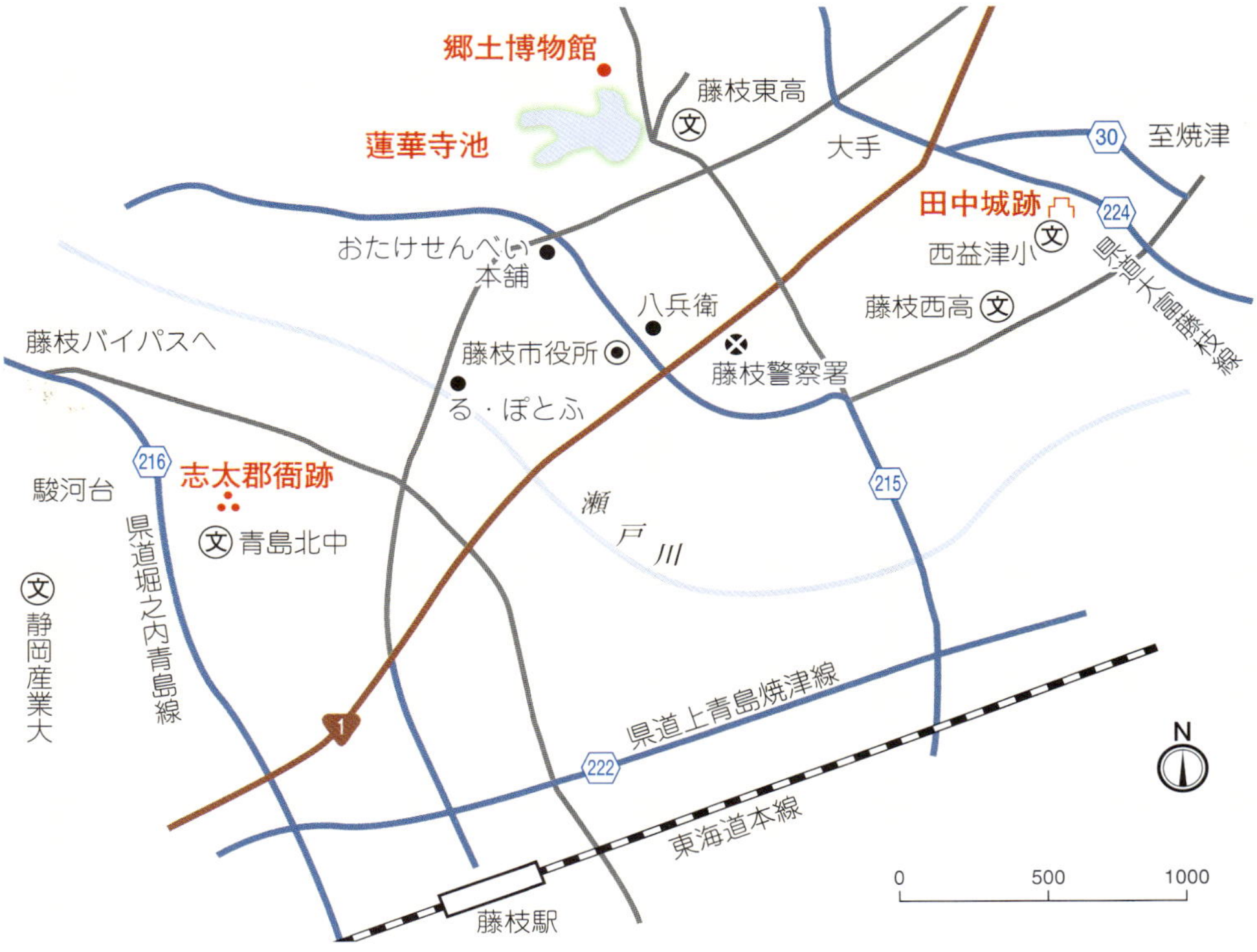

門、井戸、石敷道路の遺構が見つかり、硯、木簡、260点余りの墨書土器(墨字が書かれた食器)などが出土したのだ。

現在は古代の建物が推定復元され、一角には志太郡衙資料館もオープンしている。今から千三百年前、律令時代の役人の気分になって、石敷道路を歩いてみた。広場の外れには郡役所。太いヒノキの柱と大きな板屋根をもった土間造りの立派な建物だ。井戸を備えた食堂や南北に並んだ庁舎の跡などを眺めれば、想像はふくらんでいく。

■藤枝市南駿河台1-12
電話054-646-6525
＊資料館／入館無料 9時～16時30分
無休

赤レンガの落ち着いた外観の藤枝市郷土博物館

藤枝の歴史が手に取るように分かる展示

志太郡衙跡。石敷きで表示された建物列

貴重な歴史資料や模型を展示
【藤枝市郷土博物館《ふじえだしきょうどはくぶつかん》】

志太郡衙跡を後にし、北側を流れる塩出谷川を渡ってバス通りを右折、旧東海道に出て北に向かう。道が分かりにくければ、遠回りになるが国道1号まで戻って北上し青木の交差点を斜めに左折してもいい。

しばらく進んで瀬戸川を越え、正定寺《しょうじょうじ》、大慶寺《だいけいじ》、月見里《やまなし》神社の楠などを見学しながら1キロメートルほど歩き、蓮華寺池の案内看板が見えたら左折。池の北岸に藤枝市郷土博物館が建っている。常設展示室は原始、古代、中世・近世、近代・現代の4つのエリアに分かれ、志太平野の形成から、縄文・弥生時代の生活、武士や農民の暮らしぶりなどが学べるようになっている。

■藤枝市若王子500
☎054-645-1100
＊入館料大人100円、子供50円
9時～16時30分 不定休

蓮華寺池公園。水面では水鳥や野鳥がのどかに遊ぶ

季節の花が迎える憩いの場
【蓮華寺池公園《れんげじいけこうえん》】

藤枝市郷土博物館の正面には、周囲1.5キロメートルの蓮華寺池を核にした美しい公園が広がっている。花と水と鳥をテーマにした蓮華寺池公園は藤枝市のほぼ中心に位置し、桜や藤の季節には花見客でにぎわう。7月上旬には池の名前の由来である蓮の花が見ごろ。総面積は約30ヘクタールと広大で、レストハウスや野外音楽堂、長さ160メートルのジャンボ滑り台、アスレチック広場などの施設を備えている。

池の西側の丘陵地には、4～5世紀にかけてつくられた「若王子《にゃくおうじ》古墳群」(県史跡)がある。山沿いの坂道を15分ほど歩いて頂上へ。周辺は「古墳の広場」として整備され、28基の円墳や方墳が整然と並んでいる。天気がよければ、北東の方角、高草山の背後に富士の頂きを見ることができる。

■藤枝市若王子

藩主の別邸跡に建物を移築
【史跡田中城下屋敷《しせきたなかじょうしもやしき》】

旧東海道を東に進み、県道215号を右折して国道1号を横切ると、道はY字型に分かれる。「田中城跡」(市指定史跡)と刻まれた自然石が、

「おたけせんべい」
明治時代から続く庶民の味。梅や桜の花、亀の甲羅をかたどってあり、味付けも趣向を凝らしている。舌触りが柔らかくお年寄りにも人気。

おたけせんべい本舗
☎054-641-0979

青池の不思議伝説

藤枝警察署の東側には、青池と呼ばれる小さな池があり、不思議な話が伝わっている。池にはナメダラ牛という主が住んでいて、百姓たちがワラで作った大牛を投げ込んで雨乞いすると、3日以内に必ず雨が降ったという。また、池の底に開いた七つの穴から清水が湧き出て、どんな干ばつにも枯れることがなかったそうだ。浜岡町の桜ケ池と地下水路でつながっていて、桜ケ池で沈めた赤飯の櫃《ひつ》（お櫃納めの祭）がこちら側に浮いてきたという話も残っている。

史跡田中城下屋敷・冠木門

北側の庭園。中央の小高い部分は、かつて泉水に囲まれていた中の島の名残りである。屋敷見学後は、徳川家康が鷹狩りの際に使った御成街道を散策してみよう

分岐の真ん中で車の往来を見守っている。右の道を300メートルほど進むと木立に覆われた水路に出る。往時の二の堀である。

田中城は500年前、今川氏の命を受けた一色氏が屋敷を拡大して城としたのが始まりとされる。天守閣のない平城で、当初「徳一色城」と呼ばれたが、武田方に城主が移った際改名。方形に構えた本丸の周囲に同心円状の堀が掘られた特異な形状で、難攻不落の城として知られた。本丸は、市立西益津小学校が建っている場所にあった（校庭に史跡碑がある）。

県道を進み六間川を越えて最初の信号を左折。100メートルほど先の駐車場の手前を左に折れると史跡田中城下屋敷に到着。田中城の南東隅にあたり、江戸時代の後期には城主の別荘が置かれていた。庭園が復元されている。

大手口の木戸を再現した冠木門《かぶきもん》を抜けると、まず目に飛び込むのが本丸櫓(市指定文化財)。内部には資料や当時の衣装が展示され、最上階の窓からは敷地全体が見渡せる。茶室、仲間部屋・厩、長楽寺村郷蔵(いずれも市指定文化財)を見学し、最後に北側の庭園に足を運ぼう。

■藤枝市田中3-14-1
☎054-644-3345
＊入場料　無料
4~9月は9時~21時、
10~3月は9時~17時
不定休

Lunch お昼に寄りたい

石臼の目立て方にもこだわった、本格手打ち蕎麦の店。せいろや田舎の他、抹茶や胡麻を練り込んだ変わり蕎麦も評判だ。

八兵衛
藤枝市岡出山2-9-27
☎054-643-6262
㋲11時~21時　無休

Dinner 夕食に寄りたい

る・ぽとふ
藤枝市藤枝1-1-1
☎054-644-6366
㋲11時30分~14時　17時30分~21時　㊡月曜日

焼津・小川港直送の新鮮な魚介類を主体とした洋食が楽しめる。野菜をたっぷり使った、油控え目のさっぱり料理が人気。

島田 山間の古刹と大井川の遺跡

鵜田寺、静居寺、智満寺、大井川川越遺跡

静寂に包まれた密教の寺をめぐる

越すに越されぬと歌われた難所、大井川。島田はその川留めで発展した宿場町である。市の北部には千葉山智満寺を筆頭に、多数の文化財を蔵する名刹が点在し、ハイカーの目を楽しませている。大津谷川に沿って市内を縦断するウォーキングコースを紹介しよう。山道を含み距離もやや長いので、要所でバスを利用するか、数回に分けて訪ねてもいいだろう。

千葉山展望台の下からの眺め

虎御前が眠る市内最古の寺

【鵜田寺《うだじ》】（木造薬師如来座像＝県有形文化財ほか）

JR島田駅から本通りを経由し大津通りを北に1.5キロメートルほど行くと、左手に真言宗の鵜田寺が建っている。眼病に霊験があるとされ、「野田のお薬師さん」「目薬師さん」などの愛称で親しまれてきた。

現存する建物は天正年間に再建されたものだが、「日本霊異記」という古い書物には、天平宝字2年（758）の創建と記されている。

本尊の木造薬師如来座像には、大井川の水底から「我を取れ」との声を聞いた仏僧が、砂の中から掘り出したという逸話が伝わっている。「大永五年（1525）」の銘が刻まれた鰐口（県文化財）も残されている。山門から県道を渡ったすぐ右手の路肩には、島田まげの考案者として知られる虎御前の宝篋印塔《ほうきょういんとう》が、木陰に立っている。

■島田市野田1195
☎0547-37-6341

県内では稀な向唐門

【静居寺惣門《じょうこじそうもん》】（県有形文化財）

大津通りを南に下り、はなみずき通りを西へ。消防署の角を右折し国道1号バイパスの高架を過ぎると、山肌が迫ってくる。斜面に並ぶ墓石を右手に見ながら、伊太川の支流に沿った細い道をしばらく歩くと、静寂に包まれた林の奥に、牡丹の名所静居寺が見えてくる。

惣門は17世紀後半の建造物と推定され、京都から移築したものと伝えられる。正面と背面の妻入部分には唐破風《からはふ》（曲線状の破風）がある。向《むかい》唐門《からもん》と呼ばれるこの建築様式は県内の寺院では珍しい。

静居寺は賢仲繁哲和尚が1510年に開いた曹洞宗の寺で、本尊は釈《しゃ》迦牟尼仏《かむにぶつ》。建立当初は大沢山静居院と呼ばれていたが、中国の名僧東皐《とうこう》禅師が立ち寄った折り「中国江西省の青原山にある浄居寺のようだ」と語ったことから青原山静居寺と改められた。正面に山門、奥に立派な本堂が構えており、裏手に「幻夢堂」が建っている。いずれも江戸時代のものとされている。伽藍6棟も県指定されている。

■島田市伊太3083
☎0547-37-2305

㊤虎御前の宝篋印塔・髪の塚。虎御前は仇討ちで名を馳せた曽我十郎祐成の愛人であった
㊥今川範氏が父親の今川範国の供養に植えたといわれる慶寿寺の枝垂れ桜。別名を「孝養桜」
㊦静居寺幻夢堂

範氏の枝垂れ桜が風に揺れる

【慶寿寺《けいじゅじ》】（枝垂れ桜＝県天然記念物ほか）

ばらの丘公園を経て40分ほど北上すると、今川氏ゆかりの慶寿寺に着く。貞和5年（1350）、南北朝時代に今川範氏が駿河国を平定し、大草城を築いた際、自家の菩提寺として建立。京都泉湧寺の南江和尚を迎えて開山とした。寺宝に鎌倉時代末期の詫間派の絵仏師、詫間了尊の筆による「絹本著色釈迦十六善神像」（国重要文化財）などがある。裏手の傾斜地には、樹齢六百年の枝垂れ桜が風に揺れている。現在は2代目だが目通り周囲3・45メートル、高さ14メートル。普通の桜より1週間早く、春の彼岸の頃に満開となる。

■島田市大草767
☎0547-35-1739

㊤鵜田寺本堂
㊥静居寺惣門
㊦静居寺惣門の獅子頭・貘頭の彫刻

コースタイム

JR島田駅 → 徒歩50分 → 鵜田寺 → 徒歩65分 → 静居寺 → 徒歩110分 → 慶寿寺 → 徒歩20分 → 天徳寺 → 徒歩70分 → 智満寺 → 島田市博物館 → 徒歩5分 → 大井川川越遺跡

見る者を励ましてくれるような智満寺の十本杉のひとつ「頼朝杉」

難を逃れた山門が歴史を語る

【天徳寺山門《てんとくじさんもん》】（県有形文化財）

山茶花の季節も楽しみな天徳寺

県道をさらに北へ1キロメートル、智満寺への登り口にあたる静寂な地に、天徳寺がある。泉福寺の大通融士和尚が元中7年（1390）に開いた、駿河・遠江における曹洞宗最古の寺だ。

黒い冠木門《かぶきもん》の先に山茶花《さざんか》の見事な並木があり、10月下旬から11月下旬にかけて花の見頃となる。並木が切れたところに、間口3.5メートル、奥行5メートルの山門が構えている。幕末に火災に見舞われたが、山門だけは辛うじて難を逃れた。屋根の端に「へ」の字型の板をつけた和様切妻破風造りの四脚門《よつあしもん》で、江戸初期の建築物といわれている。

■島田市大草911
☎0547-37-3724
＊JR島田駅から天徳寺までは定期バスが運行。

県内有数の文化財の宝庫

【智満寺《ちまんじ》】（千手観音像＝国重要文化財ほか）

千葉山の山頂にある天台宗の古刹智満寺の門前まで、渓流沿いにくねくねと山道が続く。距離にすれば天徳寺から4キロメートル弱だが歩きごたえ十分。山中は天台密教の修行の場でもあり、護摩《ごま》を焚いて修行した山伏や行者の姿がしのばれる。門前茶屋で一服し、老杉に覆われた急な石段を上る。中間地点に仁王門が建っていて、金剛力士が厳しい表情で睨みを効かせている。中門を抜けるとようやく本堂の前に。

智満寺。幽寂なたたずまいに心が和む

智満寺は奈良時代末期の711年、広智菩薩により開かれ、鎌倉時代に源頼朝が再興したと伝えられている。桃山方式の本堂、行基の作といわれる本尊の千手観音像と厨子、七体の仏像を一体で刻んだ「阿弥陀《あみだ》如来及諸尊像刻出龕《にょらいおよびしょそんぞうこくしゅつがん》」（いずれも国重要文化財）のほか中門、仁王門、薬師堂、経巻など（いずれも県指定文化財）、文化財の宝庫である。奥の院まで続く山道に点在する、樹齢八百～千二百年の十本杉（国天然記念物）は、歴史の重みが十分だ。

■島田市千葉254
☎0547-35-6819

智満寺。入母屋造りの本堂

島田宿の川越文化を紹介

【島田市博物館《しまだしはくぶつかん》】

市街に戻るには、千葉山中腹にあるどうだん原（ドウダンツツジの群生地）を経由し、伊太丁仏参道で石仏を鑑賞しながらハイキングを楽しんで

島田市博物館

大井川川越遺跡・番宿

もいい。歩程約7キロメートル、3時間ほどで県道に出る。車道を横切って南に進み本通りに出たら西へ。大井川の土手を左に折れ、500メートルほど歩くと白壁のシックな建物が見えてくる。

島田市博物館は「旅と旅人」をテーマにした博物館。

■島田市河原1―5―50
☎0547-37-1000
＊入場料大人300円、小・中学生150円　9時～17時
㊡月曜日、祝日の翌日

大井川川越遺跡・島田市民俗資料館

街道の川会所や番宿を復元

【大井川《おおいがわ》川越《かわごし》遺跡《いせき》】（国史跡）

博物館と公園を隔てる川越街道（旧東海道）を東に歩くと、道の両側に趣のある平屋の建物が肩を並べている。この一帯の町並みが大井川川越遺跡（国指定史跡）で、江戸時代の渡渉制度を知る上でも貴重な存在となっている。

当時、幕府の軍事政策から大井川には橋を架けることができず、渡船も許されていなかった。そこで旅人の川越しを手伝う人足が集まり、1696年には川越制度が確立し、料金や渡河順次の割り振りなどを管理する川庄屋《かわじょうや》が置かれた。遺跡には旅人に川札を売った川会所をはじめ、人足が集まった番宿、川札をお金に換えた札場、荷物の荷崩れを直した荷縄屋など多くの建物が復元され、一部は中が見学できるようになっている（無料）。

東の外れには島田市民俗資料館や静岡市出身の版画家、海野光弘の作品を収蔵した記念館も併設されている。足を延ばして大井川の土手沿いを散歩しながら南に3キロメートルほど行き、珍しい木造賃取橋の蓬莱橋を渡ってみてもいいだろう。

■島田市民俗資料館　島田市河原2―16―5
☎0547-34-3216
＊入場料／大人300円、小・中学生150円　9時～17時　㊡月曜日、祝日の翌日

博物館南側の公園内には、浄瑠璃「朝顔日記」にちなんだ「朝顔の松」が植えられている。 現在のものは2代目だが、枝葉の表情は、哀愁の恋物語にふさわしい

Lunch お昼に寄りたい

ベルローズ

島田市野田1633―1
☎0547-34-2734
㊚11時～15時30分、17時30分～21時30　㊡月曜日

ばらの丘公園の正面にある洋食店。ヨーロッパの地方料理を取り入れたオリジナルメニューが充実している。ランチセットもお得。

Dinner 夕食に寄りたい

旬菜こまつ

島田市本通3―1―4
☎0547-37-3681
㊚11時～14時、17時～22時
㊡日曜日（予約があれば営業）

駿河湾直送の新鮮な魚を使った和風料理が自慢。夜のコースは3500円～と手頃で、島田の銘酒「おんな泣かせ」ほか全国各地の地酒もそろう。

土産ならコレ！

「小饅頭」

ひとくちサイズの酒饅頭で、風味豊かな皮と、しっとりとした餡が魅力。創業300年余の歴史を誇る老舗和菓子店の名物。

清水屋
島田市本通2―5―5
☎0547-37-2542

金谷、掛川　旧東海道を行く

旧東海道石畳、諏訪原城跡、小夜の中山、日坂宿

いにしえ人の気分で峠越え

金谷から日坂へ向かう旧東海道は石畳や峠道が続き、昔ながらの歩き旅を満喫できる。さまざまな旅人が行き交った道だからこそ、多くの歴史や伝説がちりばめられている。往時の旅人と同じ目線で、物語の風景を観察してみよう。峠の休息ポイントでは牧之原台地の広大な茶畑や、富士山、大井川の眺望も楽しめる。

旧東海道石畳金谷坂

金谷坂、菊川坂を歩く

【旧東海道石畳《きゅうとうかいどういしだたみ》】

金谷駅から歩いて5分。国道473号を隔てた山すその一角に旧東海道石畳の看板が見えてくる。入り口にはお休み処「石畳茶屋」があり、町屋風数奇屋造りの店内は囲炉裏のある広間があり、お茶や軽食で一服できる。この石畳茶屋を起点に、旧東海道石畳金谷坂が約430メートル続く。

石畳は江戸時代、東海道の難所として旅人を悩ませた金谷坂に地元の人々が石を敷き詰め、歩きやすいように整備したもの。その意を伝承しようと平成3年、町民の手によって復元された。

石畳は県道に突き当たっていったん途切れ、菊川の郷へ向かって石畳菊川坂が続く。菊川坂は平成12年に当時の石畳が発掘され、平成13年に全長611メートルの古道がよみがえった。沿道には旅人が自由に摘み取れるようキンカンやグミなどの樹木が植えられ、石畳散策に彩りを与えている。

諏訪原城跡の入り口

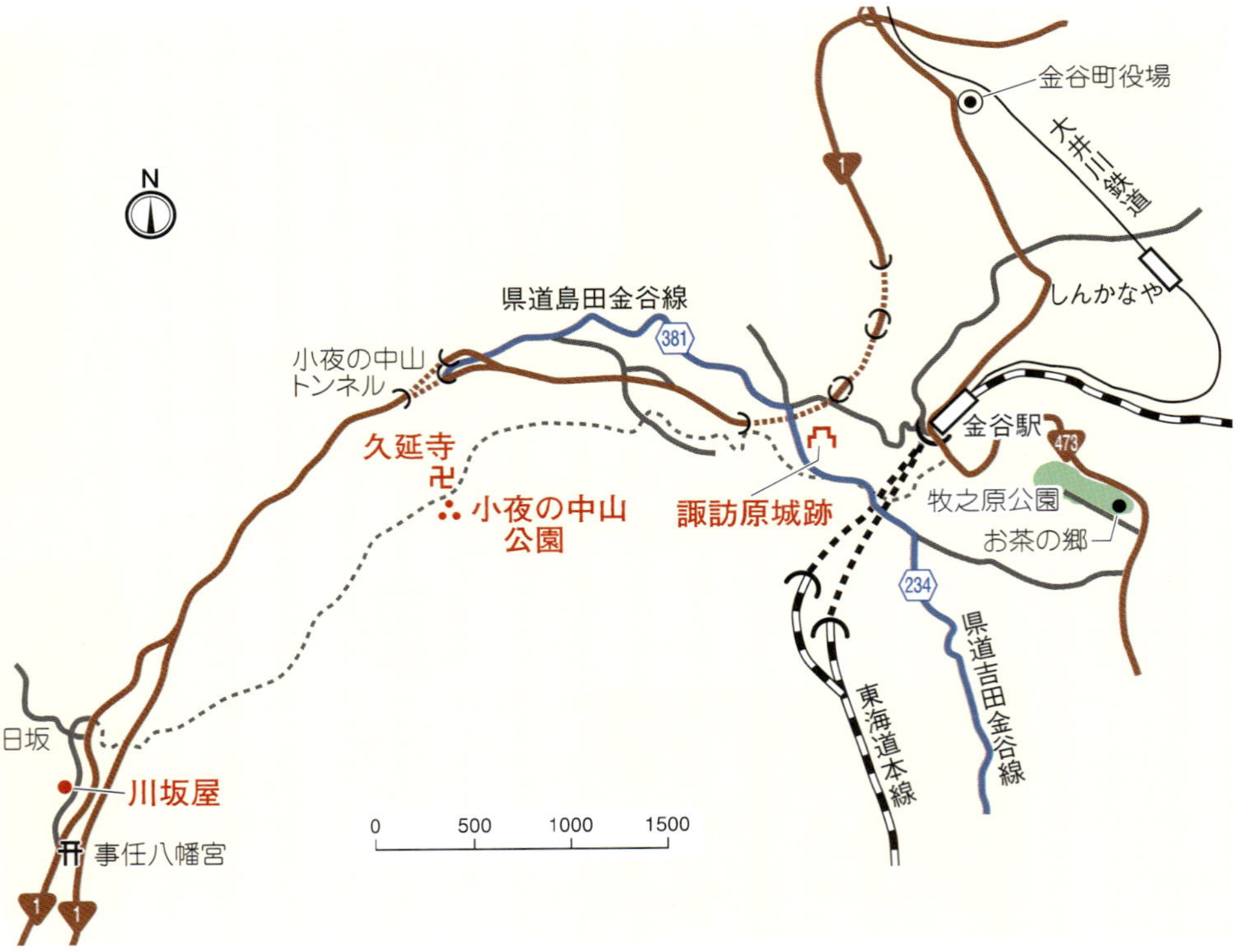

旧東海道石畳菊川坂は平成13年に完全復活

古戦場跡のミステリー散策

【諏訪原城跡《すわばらじょうあと》】（国史跡）

金谷駅から石畳金谷坂を通って30分ほど歩くと牧之原台地の一角に国史跡の諏訪原城跡がある。武田信玄が砦を築き、武田勝頼が修築した山城跡で、遺構が九分どおり現存している。大手門跡には城跡の碑がたち、諏訪神社がまつられている。雑木が生い茂る空堀を標識に沿ってたずね歩く。

昼間でも薄暗い藪の中はちょっとしたミステリーゾーンの雰囲気。古井戸からは家康に攻められて落城したとき、討ち死にした将兵の火の玉が出ると伝えられている。

休憩ならココ!

お茶《ちゃ》の郷《さと》

金谷町金谷3053-2
☎0547-46-5588
㊖9時～17時
㊡2・3・7・9・10・12月の第一・第三火曜日

牧之原茶園の一角にあるお茶の博物館。茶の歴史や世界の喫茶文化の紹介コーナーや、平安時代の寝殿造りや小堀遠州作の庭園を復元した茶室庭園「縦目楼」、レストラン「茶寮かたくり」、特産品販売所「ゆめ市場」などがあり、金谷の茶文化をたっぷり満喫できる。

お茶の郷内にある「ゆめ市場」では地酒など地元特産品がズラリ

茶室庭園で一服してみたい

コースタイム

◆東海道石畳金谷坂
（徒歩15分）
諏訪原城跡
（徒歩2分）
東海道石畳菊川坂
（徒歩15分）
菊川の里
（徒歩30分）
小夜の中山
（徒歩50分）（徒歩20分・夜泣石）
日坂宿

夜泣石伝説ゆかりの久延寺

伝説に彩られた難所

【小夜《さよ》の中山《なかやま》】

諏訪原城から菊川坂、菊川の里を経て旧東海道をさらに進むと、小夜の中山に着く。西行がその昔「年たけてまたこゆべしと思ひきや命なりけり小夜の中山」と詠《よ》んだ東海道の名所。箱根、鈴鹿とともに三大難所としても知られている。菊川の里から勾配のきつい峠道を登る。舗装されているとはいえ、ふだん歩き慣れていない人には足腰にきそうだ。

夜泣石伝説ゆかりの寺・久延寺《きゅうえんじ》で一服しよう。同寺は関ケ原の合戦の際、掛川城主山内一豊が徳川家康を接待した寺で、当時使われた〝御上井戸〟や家康お手植えの五葉松が今も残っている。

久延寺の先に日本庭園風の「小夜の中山公園」「西行法師の歌碑」があり、桜や紅葉の季節はとくにお勧め。道はさらに日坂宿へと続く。

夜泣石のそばに置かれた地蔵さま

■久延寺　掛川市佐夜鹿291
☎0537-27-1472

国道1号沿いにある小夜の中山夜泣石

小夜の中山夜泣石伝説

久延寺の手前に国道1号方面に抜ける歩道がある。車に注意して国道1号下り車線を横切り、小夜の中山トンネル脇を抜けて1号上り車線に出ると、右側に夜泣石へと続く階段がある。その昔、日坂宿へ向かう妊婦が山賊に斬殺されてしまった。側にあった石に妊婦の霊が宿り、生き残った赤ん坊と一緒に泣いて村人に知らせた。世に名高い夜泣石伝説に登場する石がコレである（掛川市佐夜鹿）。石面には弘法大師が指で書いたといわれる「南無阿弥陀仏」の文字が残されている。

久延寺境内にも同じ形の石があり、妊婦を弔うため供養塔として建てられた。

土産ならコレ!

「名物子育飴」

夜泣石伝説で久延寺の和尚に助けられた赤ちゃんが水飴を食べて育ったという故事にちなんだ名物。飴玉タイプはウォーキングのお伴に便利。夜泣石側の仲田屋、小泉屋ほかお茶の郷でも購入できる。

久延寺向かい側に広がる牧之原茶園

かつてはかなりのにぎわいのあった日坂宿本陣跡

「川坂屋」の碑

遠州の小箱根と呼ばれた宿場

今も変わらない宿場の町並み

【日坂宿《にっさかしゅく》】

小夜の中山の西麓にある日坂は〝遠州の小箱根〟と呼ばれた宿場町。宿場の東口から西口まではおよそ6町半（700メートル）というこぢんまりとした町だが、難所の坂の出入り口にあり、また大井川の川止めや大名の参勤交代などで当時はかなりのにぎわいがあった。「日坂」は「西坂」がなまったものともいう。

町並みの形態は今でもあまり変わっていない。もっとも西口に位置する旅籠《はたご》「川坂屋」に立ち寄ってみよう。もとは広さが300坪あり、国道1号開通で分断され、さらにバイパス工事によって茶室や蔵が取り壊されたが、現存する母屋は江戸時代の面影を伝える精巧な木組みと細かな格子が特徴。毎週土日と祝日の10時から15時30分まで入館できる。

江戸時代の面影を伝える川坂屋

■川坂屋　掛川市日坂149−1
☎0537−27−2020

Dinner
夕食に寄りたい

そば処ゆくら

金谷町富士見町1700−38
☎0547−45−4951
営 11時〜21時
休 水曜日

富士山と大井川の絶景が楽しめるそば処。吟味されたそば粉を電子水で打ち、香りと歯ごたえあるそばに仕上げた。とくに茶そばは茶どころだけに風味満点。御膳セットや宴会料理があり、夕食・会食にも重宝する。

吉田、相良 御船行事と城下町の古寺

能満寺、大鐘家、大江八幡宮、西山寺

潮騒の香りに抱かれ古民家の風情に浸る

吉田、榛原、相良、御前崎と国道150号沿いに広がる榛南エリアはマリンリゾートのイメージが強いが、山側の市街には戦国時代や江戸城下町の史跡が点在し、文化財を所有する古寺も多い。陰陽師・安倍晴明、徳川家康、聖武天皇、高僧虎関禅師など歴史上のビッグネームに思わぬところで出会える。移動距離が長いのでバスや車の併用をお勧めしたい。

堂々たるソテツ。大蛇の伝説もなるほどと思える

日本三大ソテツのひとつ

【能満寺《のうまんじ》のソテツ】（国天然記念物）

東名吉田ICを降りて国道150号に向かって進むと、すぐ右手に小高い山が見える。山腹には吉田町のシンボル小山城。山ろくには国天然記念物のソテツで知られる能満寺があり、一帯は能満寺山公園として整備されている。頂上広場は町民憩いの場として親しまれ、小山城展望台からは富士山や牧の原台地、駿河湾の眺望が楽しめる。

能満寺は慶雲4年（707）、行基が3体の虚空蔵菩薩を作り、その一つを安置したことに始まり、室町末期に大井川の氾濫《はんらん》で消失したが、武田信玄によって再興され、徳川家康の保護を受けた由緒ある寺。本堂に覆うようにそびえるソテツは長徳元年（995）頃、陰陽師で知られる安倍晴明が中国から持ち帰り、植えたものと言われている。高さ6メートル、主幹の根回りは4.5メートル。枝数約90本余り、樹齢約一千年を超える。日本三大ソテツのひとつ。

■吉田町片岡2517―1
☎0548-32-1555

能満寺

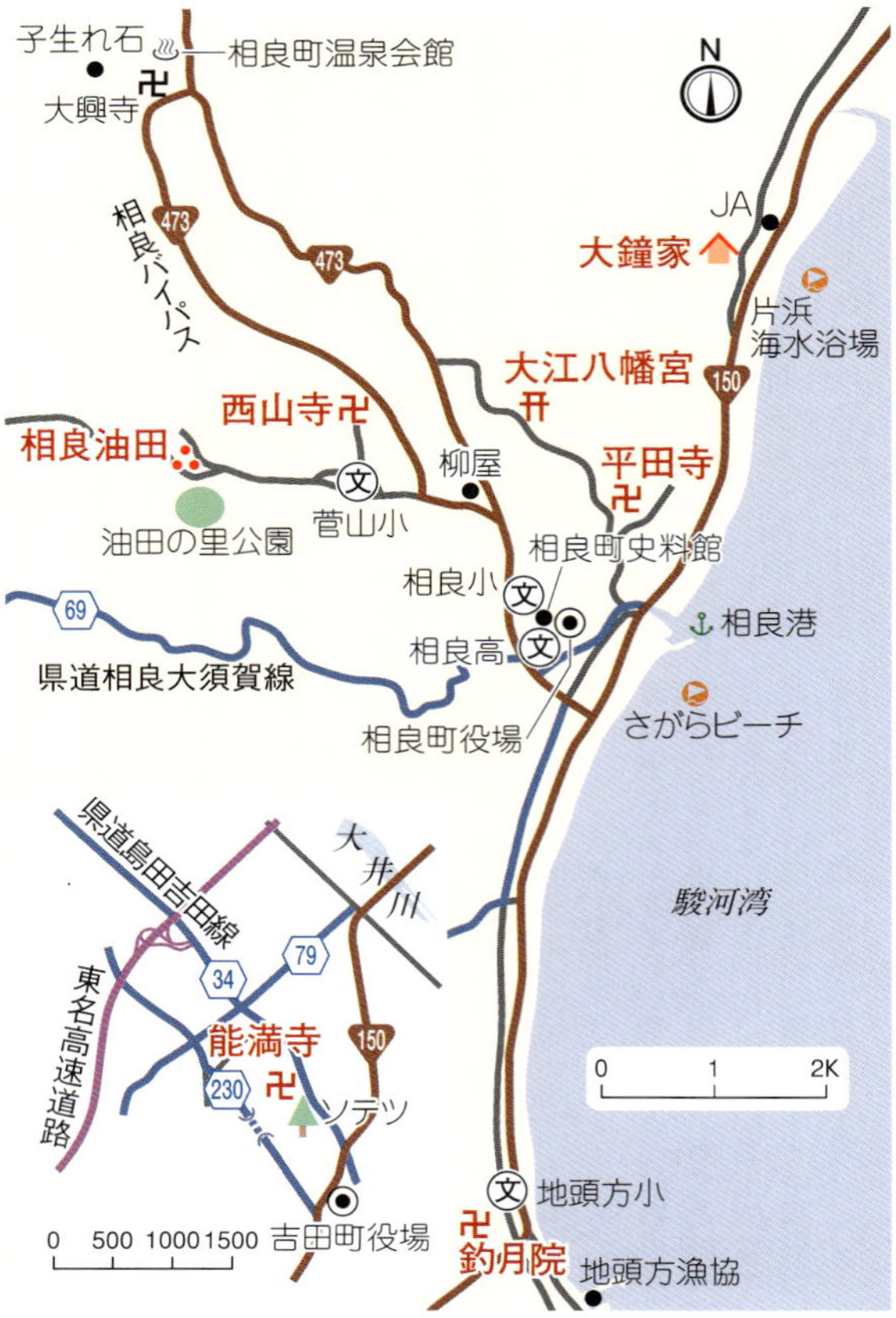

大鐘家。約1万坪の敷地一面に花ショウブやアジサイが咲き乱れる。

大鐘家長屋門

資料館はかつての米蔵

見事な造りの台所。庄屋の暮らしがうかがわれる

ソテツの不思議物語

能満寺のソテツには不思議な逸話がある。大井川上流から流れてきた大蛇の死体を手厚く埋葬し、その場所に安倍晴明が中国からのソテツを植えたところ、大蛇の精が乗り移ったという。確かに幹の曲がり具合は大蛇の姿を思わせる。後年、徳川家康がこのソテツを気に入り、駿府城に移したところ、夜な夜なソテツが「能満寺へいのう」と泣くので寺へ帰されたという。

格式ある大庄屋

【大鐘家住宅《おおがねけじゅうたく》】（国重要文化財）

国道150号を南下し、吉田町から榛原町を経て相良町に入ると間もなく片浜の郷。国道沿いの看板を目安に山間へと右折すると、国重要文化財の旧家・大鐘家に着く。同家は戦国末期の1597年、柴田勝家家臣で福井県丸岡城城代家老の大鐘藤八郎貞綱がこの地に移住して構えた屋敷。旗本三千石の格式を持ちつつ、18世紀以降、大庄屋《おおじょうや》となった。主屋は古い四間取り型の平面形式。「どま」「だいどこ」の梁組は曲がりくねった古い松を巧みに組み合わせた見事な造りである。主屋よりやや後期の18世紀後半作の長屋門は千木《ちぎ》9本に笠木を用いた当時の格式をよく表現した寄棟造り茅ぶき屋根を持つ。主屋は5年前まで実際に住居として使われていた。

Lunch お昼に寄りたい

四季の味「門膳」

相良町片浜1032　大鐘家園内
☎0548-52-4832
㊡水曜日

大鐘家長屋門横にある直営の料亭。四季の魚や野菜をふんだんに盛り込んだ手桶膳、手桶会席膳など味わえる。あじさい祭の季節は限定あじさい弁当が人気。昼2000円～、夜5000円～。また大鐘家売店内では史蹟銘菓「大鐘餅」が味わえる。売店内では9月～2月まで相良港直送の新鮮しらす料理専門店「しらす亭」（電話0548-52-4277）がオープンし、丼、定食などが手軽な料金で味わえる。

コースタイム

◆

- 能満寺
- バス10分
- 大鐘家
- 車またはバス5分
- 平田寺
- 徒歩20分
- 大江八幡宮
- 徒歩20分
- 西山寺
- 徒歩30分
- 相良油田
- 車15分・バス乗り換え30分
- 釣月院

裏庭の米蔵は資料館として改装され、本居宣長、十返舎一九の書画など数々の宝物を展示している。初夏にはアジサイ、花ショウブ、百合が観光客をひきつける。

■相良町片浜1032
☎0548-52-4277
入場料400円 ㊡水曜日

寺宝は県内最古の国宝

【平田寺《へいでんじ》】（聖武天皇勅書＝国宝ほか）

国道150号沿い、相良橋の手前を右折して市街へ入り、右手に広がる大江地区の一角に臨済宗平田寺がある。この寺は静岡県に8つある国宝のうちの一つで最古の「聖武天皇勅書」と、県指定の宝塔を有する名刹である。

前者は聖武天皇が仏教による鎮護国家を祈願し、東大寺をはじめとする奈良周辺の12大寺に布・絹・田地などを寄進したときの文書。平田寺にあるのは大安寺へ下されたものと考えられるが、なぜ平田寺が所蔵するようになったかは不明である。宝塔は延慶3年（1310）の作で、紀年銘のある石造塔としては県内最古のもの。風化を防ぐため宝蔵に収められている。

平田寺

■相良町大江459
☎0548-52-0492

大江八幡宮の御船行事。航海の安全を祈る

海に生きる人々の守護

【大江八幡宮《おおえはちまんぐう》の御船行事《おふねぎょうじ》】（国重要無形民俗文化財）

平田寺から徒歩で20分の場所に大江八幡宮がある。嘉暦2年（1327）、鎌倉の鶴岡八幡宮を勧請し、土地の産土神《うぶすなのかみ》として建立した神社で、相良港の海運業や漁業に従事する人々の航海安全や商売繁盛の神様として親しまれている。毎年8月15日に行われる夏の例祭の御船行事は、国の重要無形民俗文化財に指定されている。

■相良町大江

茅ぶき屋根の美しい本堂

【西山寺《さいさんじ》】（県有形文化財）

大江八幡宮の北側には〝男神山《おかみやま》〟と呼ばれる岩山がある。一方、萩間川の対岸には〝女神山《めかみやま》〟と呼ばれる石灰山があり、そのふもとに西山寺がある。大江八幡宮から西へ、国道473号を渡り、菅ケ谷川に沿って小笠町方面に進むと、菅ケ谷小学校の裏手に広がるのが女神山と西山寺。天長2年（825）に空海が開いたといわれる真言宗の寺で、本尊の薬師如来を安置する本堂は茅ぶき屋根の美しい建造物。天正年間に戦災に遭い、江戸前期の正徳2年（1712）に再建された。本堂、本尊とも県文化財に指定されている。

■相良町西山寺50
☎0548-54-0111

土産ならコレ!

「天下とりみそまんじゅう」

西山寺に向かう国道473号の角にある老舗の名物。みそを使わず、醤油と黄砂糖でみそ風味を出したしっとり上品な甘味。半世紀以上にわたって愛され続ける伝統の味。
10個入り800円

「柳屋」
相良町菅ヶ谷176－6
☎0548-52-0243　9時～19時
不定休

相良の近代史に触れる

【相良油田《さがらゆでん》】（県史跡）

西山寺から2キロほど小笠町方面に進むと相良油田の里公園に着く。公園の向かいの小高い林の一角に油井がある。相良油田は明治5年に発見され、太平洋岸唯一の石油産地として良質な原油を排出し、最盛期には出油量年産721キロリットルを誇った。油井跡を取り囲む林一帯では毎年9月下旬から10月中旬にかけて栗ひろいが楽しめる。美しく緑化整備された相良油田の里公園には油田資料館もあり、町の近代史の一端に触れることができる。

■資料館　相良町菅ケ谷
☎0548-87-2525
9時～16時　無料　㊡月曜日、祝祭日の翌日、年末年始

茅ぶき屋根が美しい西山寺本堂

西山寺本堂の茅ぶき屋根を支える意匠的な垂木

相良油由のやぐら

室町の建築様式伝える本堂

【釣月院《ちょうげついん》】（県有形文化財）

国道150号に戻り、御前崎方面に進むと、地頭方辻の奥に曹洞宗の古刹・釣月院がある。

県指定の本堂は室町時代の建築様式を伝えるもので、天正17年（1589）に建造され、元和2年（1682）、現在の高台に移築された。

庭園は鎌倉建長寺形式、本尊大日如来は桃山時代の作。禅宗派らしい落ち着いた風情の寺院である。

■相良町地頭方868
☎0548-58-0225

落ち着いた風情の釣月院

ウミガメの来る浜・カモシカのすむ谷

夏の風物詩　ウミガメの産卵
我が子のように見守る監視員さん

文化財保護法は、その対象を有形文化財や無形の文化的所産である無形文化財、民俗文化財、伝統的建造物群、記念物の5種類に定めている。そこで静岡県を代表する"生きた文化財"である天然記念物のウミガメとカモシカを探すウオークに出掛けてみよう。

5月中旬から8月にかけ、遠州灘と駿河湾を望む御前崎に、遠く東シナ海から300頭近いアカウミガメが黒潮に乗ってやってくる。深夜、人影の無いのを確かめるかのように産卵に適した砂浜を探しながらウミガメはさまよう。後ろ足で50～60センチ砂浜を掘った後、1回に110個程のピンポン球のような卵を産みつける。そして、どこに産卵したのか分からないようにしっかりと埋め、再び海へ戻っていく。

御前崎町のウミガメが国指定の天然記念物になったのは、昭和55年の3月。それに先がけ昭和46年ごろから町ではウミガメ監視員を置き、保護活動に取り組んできた。御前崎町に住む渡邊亨さんは、長年ウミガメ監視員として活動してきた。見回りのため、1年のうち半分は、早朝4時に浜に出る。また、夜間盗掘から卵を守るため、深夜の見回りも欠かせない。

ウミガメは産卵のための上陸場所として静かで美しい砂浜を好むと言われる。御前崎沿岸は岩礁が多いため、昔から土地の人々は打ち上げられた木切れを拾い燃料にしてきた。それが海岸の浄化作用にもなっていたのである。ところが燃料がガスになり、発泡スチロールやビニールが海岸を汚すことで環境は一変した。海岸は浸食され、砂浜がやせ細ることでウミガメにとって良い産卵の場所ではなくなったのである。

そこで昨年、渡邊さんたちウミガメ監視員や町のボランティアが中心となり、堆砂垣《たいさがき》を作って砂浜の復元を図った。このように産卵に適した砂浜を作っても孵《ふ》化《か》する卵は全体の40％弱しかない。

小学4年の教科書に清水達也氏の「ウミガメのはまを守る」が掲載されて以来、御前崎海岸には日本全国

弱ったカメを介抱するサーファーたち

親ガメを計測している渡辺さんたちウミガメ監視員

産卵に訪れたアカウミガメ

誕生した子ガメ

RUPO

１回の産卵で１００個余りの卵を産む

から見学者が絶えない。そこで毎年、町がウミガメの保護を前提にした産卵見学会や子ガメの放流会を行い、環境教育にも取り組んでいる。

孵化したばかりの子ガメは肺呼吸のため1、2分しか海中に潜れず、顔を上げ下げしながら沖に出ていくという。その様子を渡邊さんは「まるで、名残りを惜しむかのように振り返るんだね。沖に出るまでに大型魚に食べられんといいのだがと、祈るような気持ちで毎年送り出すんです」と我が子のことのように話す。

孵化が遅れた卵や帰りそびれた子ガメは飼育が唯一許可されている御前崎小学校の子供達が飼育している。

国宝級の動物、カモシカをウォッチング

カモシカは昭和30年に国の特別天然記念物に指定された地域を定めずに「種」として保護されている動物だ。「特別」が付くのは天然記念物の言わば国宝版。ニホンカモシカは、その名からシカの仲間と勘違いされやすいが、れっきとしたウシ科の動物で、本州、四国、九州の山岳地帯に飛び石状に分布している。一時絶滅が危惧されたカモシカも密猟の取り締まりや保護により回復をみせ、近年は幼齢造林木《ようれいぞうりんぼく》（植木したばかりの木）を荒らす食害問題が起きている。

静岡市田代の大村保さんは、静岡県カモシカ調査員として、カモシカの生息調査に20年かかわっている。定められた観測点で毎年、1週間から10日間、双眼鏡を片手に頭数を数えたり、山仕事をする人々へ聞き取り調査を行う。カモシカをウォッチングするための秘けつを大村さんは、「大雨の降った後や寒い冬の日に、山のガレ場でひなたぼっこする姿が見られます。大変警戒心の強い動物なので、脅さないようそっと見てください」と話す。

カモシカに出会えるといいね

インフォメーション

◆ ウミガメ
産卵見学会、子ガメの放流会の日程は気候条件により毎年変化しますので日程をお確かめください。
「アカウミガメ情報」のホームページ　http://plaza.across.or.jp/~town―omaezaki/１１kame.html
ウミガメに関する問い合わせ先
御前崎町教育委員会　☎０５４８-６３-６８６５　（生涯学習課）

◆ カモシカ
磐田郡水窪町にカモシカの生態や保護の様子を学習するための施設「カモシカと森の体験館」「カモシカの観察舎」などを備えた「みさくぼフィールドミュージアム」があります。

◎みさくぼフィールドミュージアム
●住所　水窪町山住９６―１
●☎/ＦＡＸ　０５３９-８７-１２００
●交通案内　ＪＲ飯田線　水窪駅から車で約３０分
●開館時間　9:００―１６:００
●㊡火曜日（祝日の場合は翌日）
●入館料　大人２００円、小人１００円

躍動感は千年のいのちの象徴

◎富山　昭

昭和四十三年（1968）2月、凍てつく寒さの中に水窪町西浦の観音堂を訪ねたのが、私の静岡県での民俗芸能との最初の出会いであった。

この地の能衆と呼ばれる世襲の人々によって伝えられたきた「田楽」は、中世以来の歴史を有して「能」の源流とも目されている。

それにしても冷たい夜だった。かがり火のその明るさよりはあたたかさに、思わず手を差し出して観るまつりの夜である。

だが、ここで次々に演じられる「地能」や「はね能」の舞踏は観る者の心を奪う。そのおごそかさ、優美さ、躍動感は、山深い里に生きたこの地の人々の千年のいのちを象徴する。そのいのちの輝きをこそ、われわれはこの幻想的なまつりの場に見出すべきだろう。

昭和四十五年、満天の星のもと、ここも山深い静岡市蛇塚（旧安倍郡清沢村）の子之神社を訪ねていた。

藤守の田遊び

道端に車を止め、社をめざして歩きはじめたその時、闇のなかから聞こえてくる笛・太鼓の音に思わず息を凝らしたものである。森の精霊たちが、さらには山の天狗たちがなつかしく私を呼び立てていた。オヒマチ（秋祭り）の夜の「神楽」は、この土地にあるもろびと（諸人）もろがみ（諸神）の祝宴である。

裸電球に照らされ、そこだけポッカリと闇夜に浮き出る鎮守の杜の一角は、はるかな時空を背にしたまことにみごとな舞台装置といってよい。私には、この舞台にゆきつくまでの闇がたまらない魅力ともなっている。

こうして昭和四十年代からはじまった私のまつりと芸能への旅は、その後も次々と私の心を楽しませてくれた。

印象深さでいえば、珍しい人形舞楽（芝居）としての伊豆の「三番叟」、そして県内に数ある田遊び芸の中ではもっとも華麗な「藤守の田遊び」（大井川町）がある。

自らが米屋（精米業）の息子に生まれたせいか、私はこの田遊びに惹かれるものがある。田植えから刈り取りまで、実りゆたかななりわいへのねがいを込めたひとつひとつの所作（芸）を目で追いつつ、一方にあまりに抽象化された現代の芸能（芸術）を思い浮かべてみる。素朴というだけでは片付けられない芸能の本質を、小さなムラの伝統芸能が垣間見せてくれているのではあるまいか。

加えて「藤守の田遊び」には、目を奪うばかりのあでやかな装飾がある。なかでも、舞台一面を覆い尽くす純白のハナを冠した男たちの群舞には、ムラびとが夢見る豊饒の世界が描かれている。そこはまさに、実りのハナが咲き乱れる彼らの浄土といったらよいのだろうか。

民俗芸能はいま、土地土地の貴重な文化財として保護されつつある。継承していくことの難しい無形民俗文化財の保存には、一に継承者の心意気、二にそれを見守る者の愛着が支えである。

たしかに、心奪われ目を奪われるまつりや芸能がある。それらの探訪を通して各地の生きた歴史と文化に触れられる。そういう楽しい機会を持ちつづけたいと思う。

（とみやま　あきら　日本民俗学会会員・静岡市文化財保護審議委員）

西浦の田楽

山名神社の天王祭舞楽（森町）

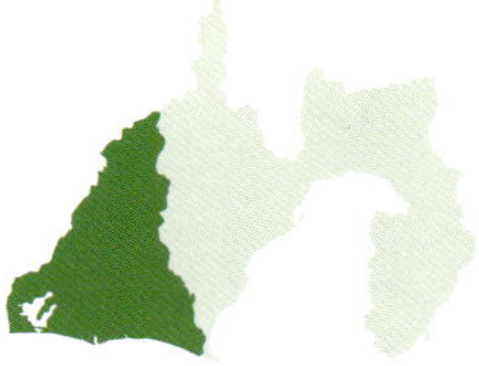

西部

WEST AREA

菊川、小笠、大東、大須賀 平野を真一文字に

黒田家住宅、本勝寺、高天神城跡、三熊野神社

東遠の城跡と代官屋敷を訪ねて

一級河川菊川とその支流が育んだ緑濃い小笠平野。ここは古くから遠州・相良から信州へ続く塩の道の要衝として、また戦国時代は砦《とりで》争奪の壮絶な戦いの舞台として、そして江戸時代には旗本の代官・黒田家の差配地としてなど史跡旧跡が数多く残る。黒田代官屋敷から本勝寺を経て高天神城跡に至る小笠平野横真一文字のコースを紹介しよう。

格式のある黒田家住宅長屋門。屋根の上の置千木が11本あるのに注目

貫禄示す長屋門

【黒田家住宅《くろだけじゅうたく》＝代官屋敷】（国重要文化財）

小笠町・平田本町バス停から西へ約0.5キロメートル。代官屋敷は周囲に堀をめぐらせた中世城館で、創建は永禄年間（1558～70）のころといわれる。

黒田家は江戸時代に4500石余を支配する旗本本多家の代官となり、2000石を有した。代官屋敷にふさわしく長屋門を構えた格式高い造りをみせ母屋・米蔵など4棟が国指定の建造物になっている。

黒田家の黒田義則は、天正2年（1574）武田勝頼が高天神城を攻めた際、城を守る一将であったが、落城後は武田・徳川のいずれにも属さず帰農した。徳川の天下となって横須賀城主本多利長の兄、本多助久が旗本となり、黒田氏は代官に任じられ、明治維新まで代々旗本の代官として領内の支配に努めたという。

敷地内には「小笠町代官屋敷資料館」があり、4世紀半にわたりこの地を統括してきた黒田家の貴重な所蔵品を見ることができる。近くの塩の道公園内にある「歴史街道館」と入館料は共通。

■小笠町下平川
小笠町代官屋敷資料館
☎0537-73-7270　入館料大人300円(歴史街道館共通)
9時～16時　㊡月曜日と祝祭日の翌日

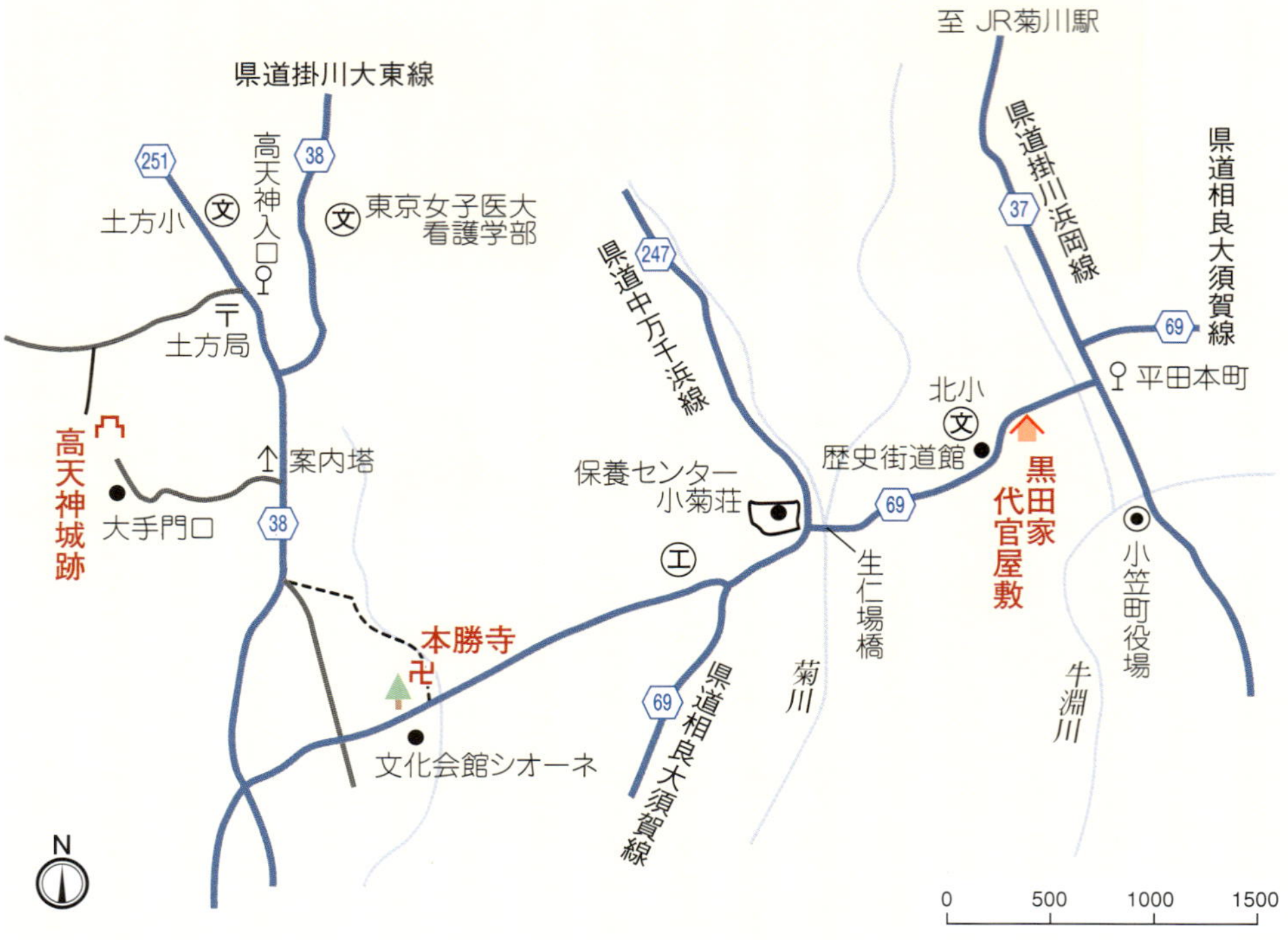

塩の道公園

本勝寺ナギ・マキの門

ぽいんと

小笠町代官屋敷資料館

「250年前に造られた長屋門の屋根には11本の置千木《おきちぎ》があり(写真参照)、この家の格式の高さを表しています。門番の寝泊まりした部屋や、当時、裁判を行った白州が残っているので、どうぞ確かめてください」

☎0537-74-2050

6月にはアジサイが満開

【本勝寺《ほんしょうじ》ナギ・マキの門】(県天然記念物)

県道69号を一路西へ。菊川の生仁場橋を渡り大東町に入る。KIK工場地先で右手に道をとるとやがて下小笠川の橋だ。右前方に本勝寺が見える。日蓮宗の古刹で、ここでは一風変わった山門に出合う。一方がナギ、片方がマキの自然木が見事に融合し、刈り込まれて立派な山門を形成している。寺の伝えによると約300年ほど前、当時の住職が植えたものという。

境内南側斜面にはアジサイが多数植栽され、6月の花の時期は花の山と化し、こちらも楽しめる。

■大東町川久保8

㊤高天神社、㊥本丸跡

井戸や石牢が往時を物語る

【高天神城跡《たかてんじんじょうあと》】(国史跡)

「高天神城を制するものは遠州を制する」と武田信玄・勝頼と徳川家康が3度9年にわたり浮沈をかけて激しく戦ったこの城は、家康が周囲に6つの攻撃用砦を築き兵糧攻めで、ついに天正9年(1581)勝利した。

東の峰に本丸、西の峰に西の丸を置き一城別郭《いちじょうべっかく》とも呼ばれる。いま西の丸の位置には高天神社がある。城跡には井戸や徳川方の大河内政局《おおこうちまさもと》が7年間も幽閉されていた石牢などが残り往時がしのばれる。

城兵全員が討ち死にした中でただひとり、軍監の横田甚五郎尹松《ただまつ》は犬戻り猿戻りの険から脱出し、甚五郎抜け道と呼ばれるこの道は西の丸近くにある。

本丸跡付近からは小笠平野から遠

戦国の時代をしのばせる石牢

コースタイム

◆

- JR菊川駅
- バス15分
- 小笠町・平田本町下車
- 徒歩7分
- 黒田家住宅
- 徒歩60分
- 本勝寺
- 徒歩60分
- 高天神城跡
- 徒歩15分
- 高天神城入口バス停
- バス25分
- JR掛川駅

高天神城跡遠景

州灘一帯が見渡せる。今まで歩いてきた道を確かめながら、帰路は北側の搦手門《からめてもん》を経て県道に出よう。大手門口と違い、整備された階段を一気に下ると駐車場。ここから東へ約1キロメートル、土方郵便局前が高天神入り口のバス停だ。

足を延ばして

桃山時代の風格をもつ

【応声教院山門《おうしょうきょういんさんもん》】（国重要文化財）

JR菊川駅から4キロメートルほどの中内田地区に浄土宗応声教院がある。桜ケ池奥の院でも知られる。ここに第一級の山門がある。

駅前から右手役場前に出て、県道79号に沿って大頭龍《だいとうりゅう》神社前を経由、県道386号の交差点に出ると左に大きな案内板が目に留まる。石段を上がった高い位置に朱色の重厚な山門が立つ。徳川2代将軍秀忠が生母追善供養のため寛永3年（1626）静岡市の宝台院の大門として創建されたもので、大正7年（1918）宝台院より移築したもの。

間口は8メートル近くあり切妻造りの八脚門で桃山時代の風格をもつ。大工棟梁は当代随一、東照宮や増上寺などを建立した甲良豊後守だといわれる。

境内には「のんべえ地蔵尊」やおびただしい数の水子地蔵が祀られている。

■菊川町中内田915
☎0537-35-2633

応声教院山門

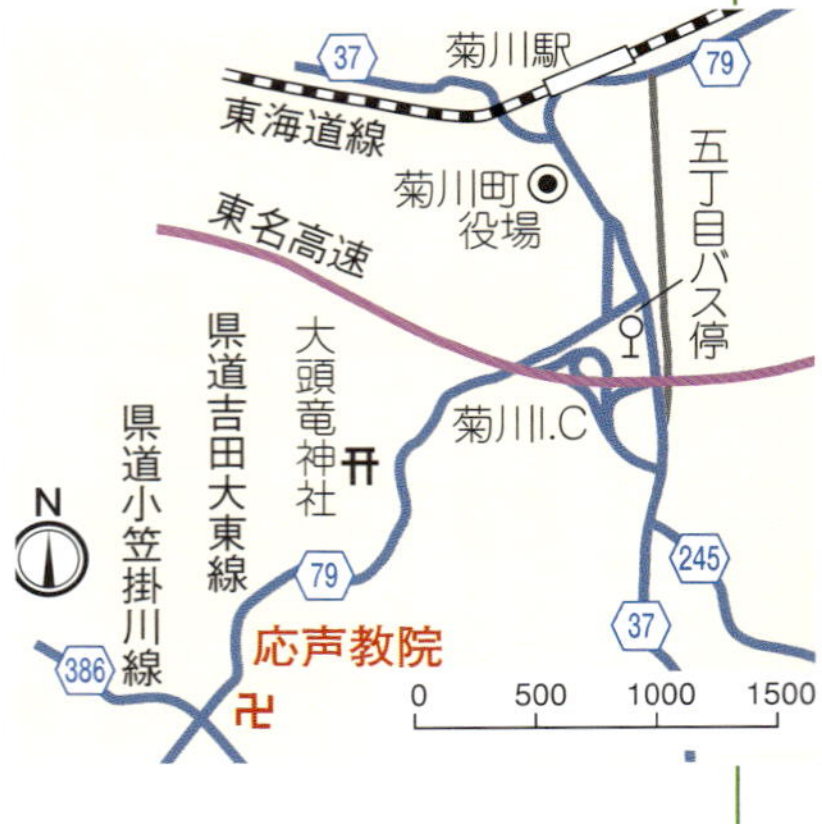

Lunch お昼に寄りたい

小笠町営小菊荘

小笠町大石88
☎0537-73-2460

スポーツ公園に隣接する町営の保養所。宿泊が中心の施設だが、前日までに予約すれば昼食が食べられる。丼物や定食などお手ごろメニューから御膳までそろっている。

小菊御膳〈松〉

おすすめスポット

小笠町の観光農園

コースからはそれてしまうが、この緑豊かな一帯には観光農園も多くイチゴ、マスクメロン、ブルーベリー、トウモロコシ、アロエなど新鮮な味覚を地で味わうことができる。

問い合わせ＝小笠町まちおこし実行委員会
☎0537-73-2398

三熊野神社・大祭

江戸情緒残る横須賀城下の旅

大須賀町のシンボルは三熊野神社。町のほぼ中央に鎮座して1300年の歴史を刻み、春の大祭には各字町の13台の〝祢里《ねり》〟が祭囃子もにぎやかに繰り出す。改築なった三熊野神社にお参りしてから、城下町横須賀の旅のスタートとしよう。

三熊野神社

他にない伝統芸能

【三《み》熊《くま》野《の》神《じん》社《じゃ》三《さん》社《じゃ》祭《さい》礼《れい》囃《ばや》子《し》】（県無形民俗文化財）

三熊野神社は文武天皇の皇后が懐妊されたとき、「安産にて皇子誕生せば東に三つのお社を建て日夜お敬い申し上げる」と神前に誓われたとか。念願かなって大宝元年（701）熊野権現本宮を遷された。

その後、横須賀城が築かれ歴代城主、家臣、近郷住民が信仰を寄せ、鎮座1300年の平成12年（2000）秋、新社殿の完成を祝った。

三熊野神社の大祭は、毎年4月の第1金・土・日に揃、宵宮、本楽と行われ宵宮の午前、13台の祢里が満

コースタイム

◆

JR袋井駅

バス25分

大須賀町役場

徒歩10分

三熊野神社

徒歩10分

窓泉寺山門

徒歩20分

横須賀城跡

徒歩10分

撰要寺墓塔群

徒歩20分

清水邸庭園

開の桜の境内に集結、拝殿前に建てられた舞台の上で代表字町により正調江戸囃子の名残を今にとどめる三社祭礼囃子が奉納される。

享保年間（1716～36）、第14代横須賀城主西尾隠岐守忠尚が参勤交代の折、江戸在勤中にその家臣が江戸で流行っていた祭囃子を習い覚えて持ち帰り、それにこの地固有の調子があしらわれ古典芸能でも比類ない形式として伝承されている。

■大須賀町西大渕5631−1
☎0537−48−2739

横須賀城跡

安定した構え、朱塗りの門

【窓泉寺山門《そうせんじさんもん》】（県有形文化財）

三熊野神社を出て西へ、横須賀高校前を経て2つ目の角に「風紋館」という全国の民芸品や地元工芸品が並ぶギャラリー兼喫茶がある。時間があれば立ち寄りたい（休）木曜日）。この角を右に曲がり5分ほどいくと窓泉寺だ。この寺は横須賀城初代城主、大須賀康高が亡き妻の菩提を弔うため建立したが、残念ながら当時の堂宇は焼失してない。

南側が開けた境内の中央に朱塗りの落ち着いた感じの山門が立つ。県指定の文化財で、宝永8年（1711）に商家三河屋本家の寄進により造営されたもので、当初寄棟造り茅ぶきをその後、入母屋造り桟瓦葺《さんがわらぶ》きに改めた。軒裏の和傘の骨に似た扇《おお》垂木《だるき》も見事。

■大須賀町西大渕5532
☎0537−48−3230

いろいろな民芸品を扱う風紋館

窓泉寺山門

土産ならコレ！

「よこすかしろ」

サトウキビを搾って煮詰めた伝統的な黒砂糖。清々しすぎない本物の味が魅力。町の特産物が買えるサンサンファームで。

大須賀町大渕1456−312
☎0537−48−6368

「愛宕下羊かん」

長年、地元に愛されてきた名菓。昔ながらの固練り。あずきのほか、季節によって栗、ユズなどが加わる。

大須賀町横須賀1515−1
☎0537−48−2296

天守台跡

武門の拠点、藩政の中心

【横須賀城跡《よこすかじょうあと》】（国史跡）

いま来た道を少し戻り、三叉路を西へ城下の面影を残す家並みの間を20分ほど歩く。県道と合流する少し先の公民館横から玉石積みの造成地のようなものが見える。なんとこれが横須賀城跡なのだ。すぐわきからも上がれるが、西側に回ると整備された公園がある。

横須賀城は小笠山の支脈の南端にある平山城で、長篠合戦に勝利した徳川家康は武田勝頼の高天神城奪還を画策、天正6年（1578）から同8年にかけ武将大須賀康高に命じて築城させたもので、康高は初代城主となった。

徳川時代、城主20代約300年にわたり武門の拠点、藩政の中心をなしてきたが、明治維新とともに廃城となり、建物等は取り除かれて城跡だけが残った。天守台跡に立つと遠州灘からの風がほおをなでていった。

玉石の石塁はすごいぞ

おびただしい数の玉石、どこからだれが運んだのか？　築城当時のことは定かでないが、近代版エピソードがある。一つは、旧見付学校の建物の土台部分の玉石は廃城後ここから船で運んだものとか。もう一つは、この公園整備事業にあたり町民は玉石を持ち寄ったのだそうだ。

歴代城主や武将が眠る

【撰要寺墓塔群《せんようじぼとうぐん》】（県史跡）

城跡公園を出て、道をクランク状に西に進むと10分ほどで撰要寺。横須賀城初代城主、大須賀康高が天正9年（1581）に創建した寺で不開門《あかずのもん》でも知られる。山門は元横須賀城の搦手門《からめてもん》を明治期に移築したもの。

本堂西わきの石囲いの中に康高と孫の出羽守忠政（2代・5代城主）の墓塔が立つ。高さは4メートルもあろうか。

無数の墓石が立ち並ぶ木立の中を上がり、本堂背後にまわると12代城主を務めた本多越前守利長一族の墓もある。

■大須賀町山崎1305
☎0537－48－2293

大須賀康高（右）と忠政の墓塔

撰要寺山門

休憩ならココ!

清水邸庭園《しみずていていえん》

城下の文化財をたっぷり〝見て歩き〟した後は、ゆっくりくつろぎたい気分だ。街の中心部に引き返し、県道沿い新横須賀バス停近くに「清水邸庭園」が開放されている。

清水家は江戸時代の回船問屋。回遊式庭園には「静岡県みずべ100選」に選ばれた湧水があり、四季折々の草花が庭園を引き立てる。数寄屋造りの湧水亭で抹茶が楽しめる。入場無料。抹茶一服500円。

清水邸庭園

大須賀町西大渕5298－2
☎0537－48－6456
営10:00～16:00　休木曜日

掛川城天守閣

掛川 掛川城周辺の史跡めぐり

掛川城御殿、大日本報徳社、龍華院

平成によみがえった城下町を散策

掛川城天守閣が復元された平成6年以降、城下町風町並みづくりが進む掛川市中心部。500年にわたる掛川の歴史をタイムスリップするかのように散策を楽しもう。起点となる掛川城はJR掛川駅・新幹線駅から歩いて10分、市営駐車場も完備された交通至便なコースだ。

現存する貴重な城郭御殿

【掛川城御殿《かけがわじょうごでん》】（国重要文化財）

今や掛川市のシンボルとなった掛川城は、室町期に遠江進出を図る今川義忠が家臣朝比奈泰煕《やすひろ》に命じて築城させたもので、戦国時代に徳川家康が激戦の末、奪い取り、山内一豊が城主となって天守閣を建立した。

江戸時代には江戸城を築いた太田道灌の子孫など11の名家、26代の当主が居城とし、平成6年には日本初の本格木造天守閣として復元され、往時の美観を今に伝えている。

二の丸にある掛川城御殿は江戸後期の建造物で、現存する城郭御殿としては京都二条城をはじめ全国で数カ所しかない貴重なもの。現在の建物は嘉永7年（1854）の大地震後に建造されたもので、昭和55年に国重要文化財に指定された。御殿とは、儀式・公式対面など藩の公式行事の場、藩主公邸、藩政の政務をつかさどる役所という3つの機能を持つ重要な施設である。

■掛川市掛川1142―1
☎0537‐22‐1146
＊入館料300円（天守閣、御殿共通）
9時～17時 ㊡年末年始

二宮尊徳の教えを広めた

【大日本報徳社《だいにほんほうとくしゃ》】（県有形文化財）

二の丸美術館の東側に樹木に覆われた風格ある建物が見えてくる。「経済門　道徳門」と書かれた正門をくぐると大日本報徳社の大講堂がそびえ立つ。ここは二宮尊徳の教えを広めるため、明治44年（1911）、遠江国報徳社が改称されたもの。以後、報徳運動統合の中心となった。図書館は近年保存修理がなされ、内部の見学も可能。

■掛川市掛川1176
☎0537‐22‐3016

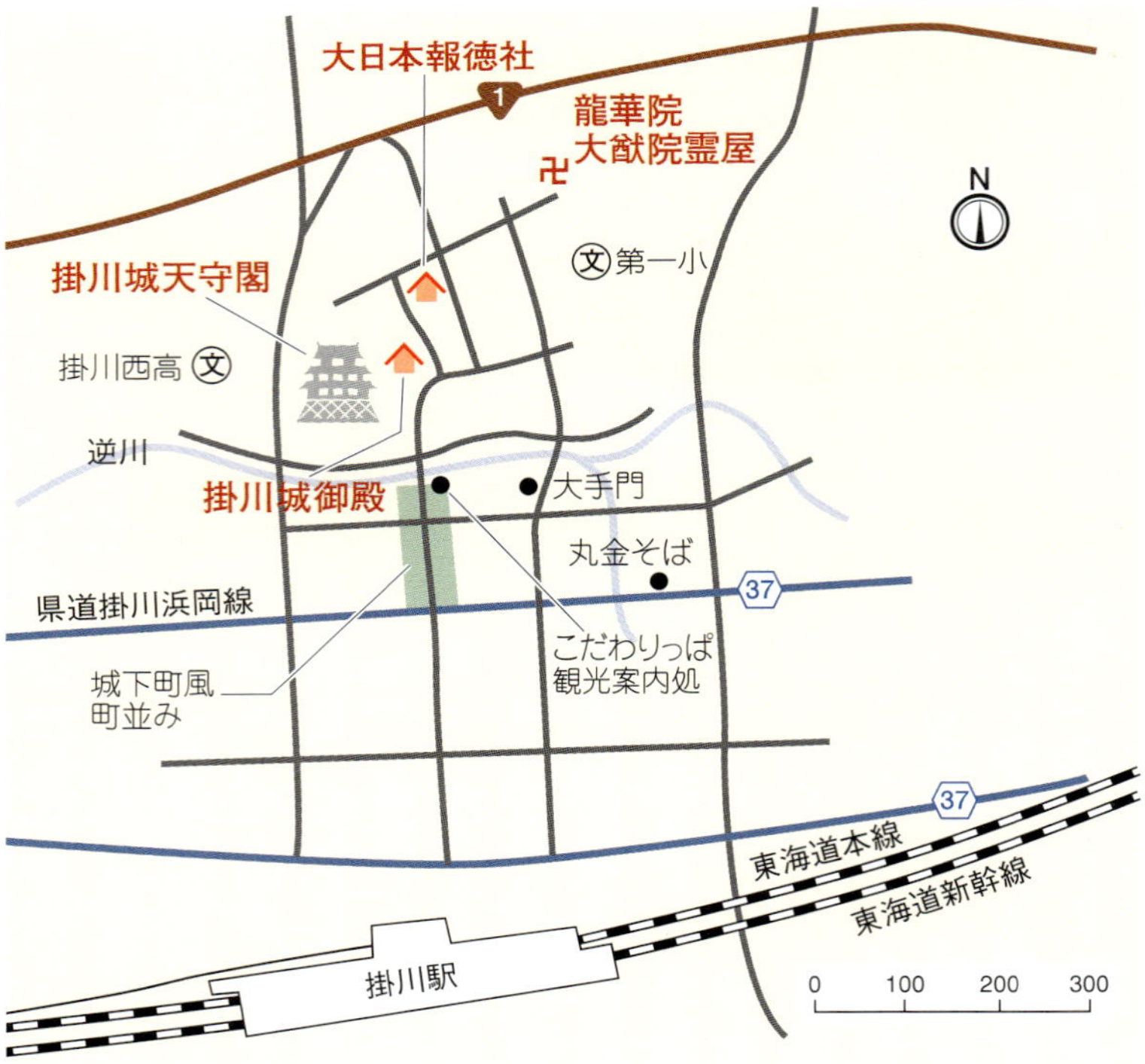

大日本報徳社大講堂

掛川城御殿

掛川城御殿の内部。藩政をつかさどる重要な場所だった。御殿裏には平成10年「二の丸美術館」がオープンし、掛川城の資料や掛川市の埋蔵文化財などを展示している。9時〜17時　㈫月曜日。　1人260円。

霧噴井戸の伝説

掛川城は戦国武将にとっては東海を制する要といわれた。永禄11年（1568）から12年にかけて徳川家康が掛川城を攻めたとき、井戸から立ちこめた霧が城をすっぽりと覆い隠した。小笠山から震天雷（いしびや）をしかけて城を壊そうとした徳川軍は方角がわからず、失敗したという。この逸話から掛川城は「雲霧城」の異名をとる。天守閣脇に現存する井戸は深さ45メートルで日本第3位。

龍華院大猷院霊屋

三代将軍家光の霊廟

【龍華院大猷院霊屋《りゅうげいんだいゆういんおたまや》】（県有形文化財）

大日本報徳社から歩いて2〜3分のころに天王山龍華院がある。天王山は家康の城攻めの際、本陣が置かれた場所。坂を上がると緑の広場の一角に霊廟があり、3代将軍徳川家光が祀られている。文化15年（1818）の火災で春日厨子《かすがずし》と霊牌を残して焼失したが、文政5年（1822）に再建された。三間四面の宝形《ほうぎょう》造向拝付漆塗《づくりこうはいつきうるしぬり》で極彩色が施された美しい霊廟。昭和29年に県文化財に指定された。

■掛川市掛川1104

土産ならコレ！

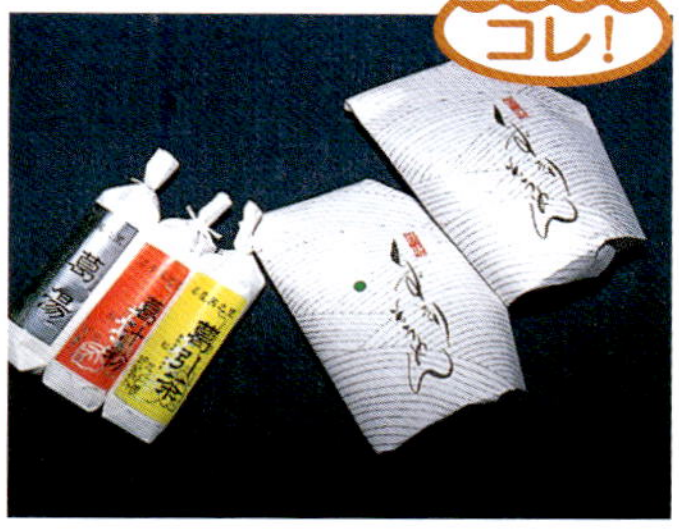

松花園
掛川市連雀2－18
☎0537－22－2450
㈫木曜日

「葛湯とくずきりそうめん」
掛川市は葛の特産地。葛湯・茜の里、くずきりそうめん（4〜9月）など自然な甘味が人気。

Lunch お昼に寄りたい

そば処　丸金

掛川市連雀3－3
☎0537－22－5510
㈫木曜日

創業は寛政年間、現店主で9代目という老舗のそば処。ざる580円、天ぷらそば850円、山かけとろそば900円ほか。

コースタイム

◆掛川城天守閣
徒歩2分
掛川城御殿・二の丸美術館
徒歩1分
大日本報徳社
徒歩3分
龍華院

袋井

遠州三山と西楽寺を歩く

可睡斎、油山寺、西楽寺、法多山

いつもと違う魅力を訪ねて

袋井市内には俗に「遠州三山」と呼ばれる古刹がある。可睡斎、油山寺、法多山《はったさん》尊永寺それぞれ由緒ある格式の高い寺院ゆえ、年間を通じ参拝者の数も並でない。そんな「三山」を今回はいつもとは違った眼でめぐってみよう。コースは2つ。可睡斎・油山寺コースには文化財の隠れた〝穴場〟を加え、法多山コースでは、静岡スタジアム・エコパを経由してJR愛野駅ルートとした。

可睡斎護国塔。可睡斎は花の観賞でも有名だが、この塔はお参りに来た人でも意外に知らないことが多い

白くまぶしく輝くドーム

【可睡斎《かすいさい》・護国塔《ごこくとう》】（県有形文化財）

室町時代から続く曹洞宗屈指の名刹。火防霊山としても広く知られる。

この寺は徳川家康との縁が深く、「可睡斎」の寺号も家康による。11代住職・仙麟等膳《せんりんとうぜん》和尚《おしょう》が幼い家康を戦乱から救ったことがあり、後に家康が浜松城主になった時、城に招かれた和尚が御前でコックリ居眠りを始めたとか。これを見た家康は「睡る可し（ねむるべし）」と言い、可睡和尚と愛称され、寺号も改められた。山号は「萬松山」。山門をくぐり、広い境内に入ると石段を上がった正面が本堂、左手奥に秋葉三尺坊大権現真殿。明治6年（1873）春野町の秋葉寺《しゅうようじ》から遷座した。火防信仰の由縁だ。

可睡斎本堂

護国塔は、境内左のぼたん苑の背後の小高い丘の上に建つ。明治40年（1907）から3年半の歳月をかけて建てられたインド最古のガンダーラ様式の建物。白いドーム型の塔は太陽の光を浴びて一層まぶしく輝き立っていた。中には日清、日露、太平洋戦争での戦没者の霊が祀られていると聞く。

■袋井市久能2915−1
☎0538−42−2121

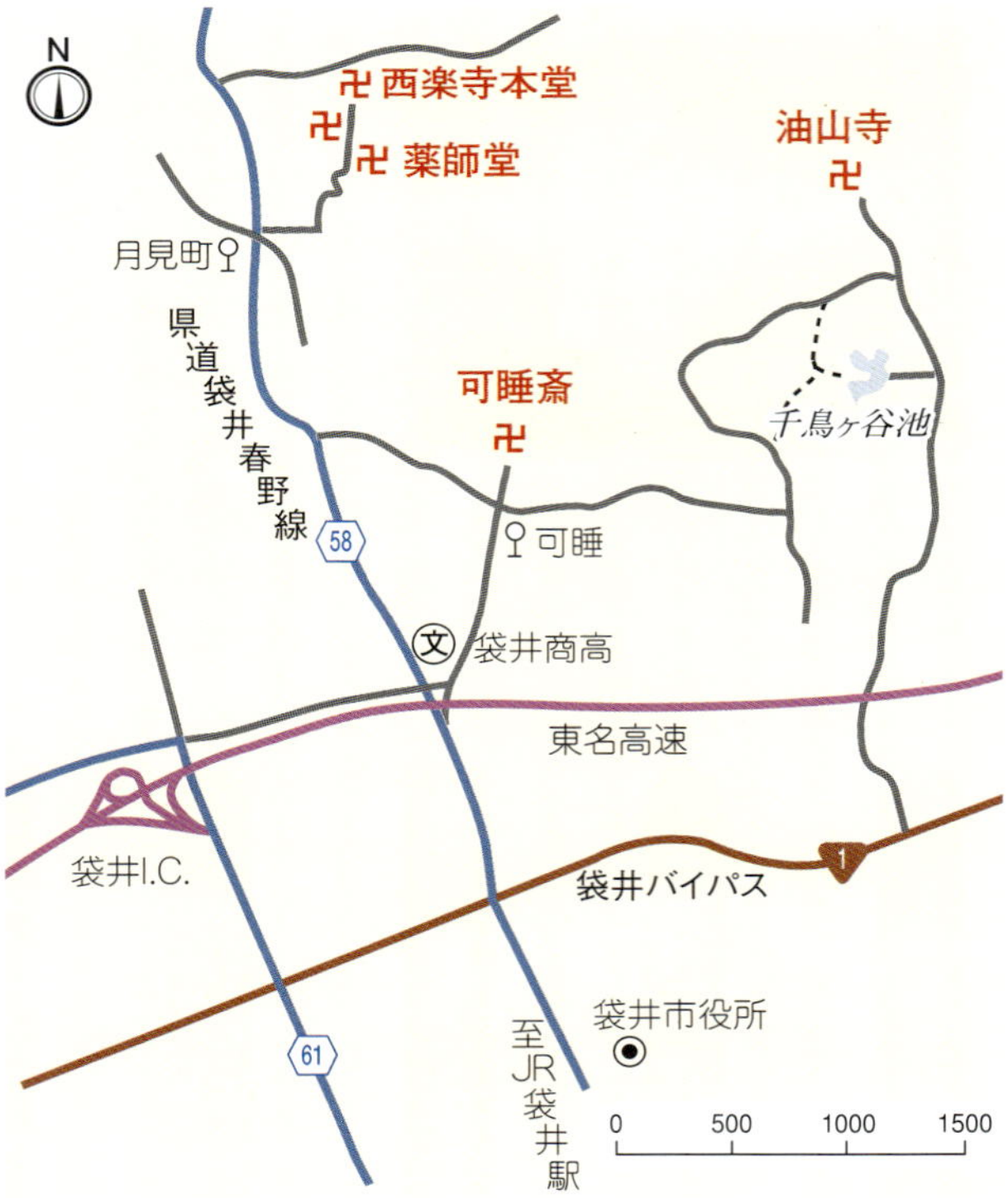

可睡斎境内。火伏せの神様、秋葉山三尺坊大権現真殿

目に霊験があるといわれる「るりの滝」

油山寺三重塔

油山寺山門

重文に恥じない重量感

【油山寺《ゆさんじ》】（山門＝国重要文化財ほか）

可睡斎のバス停近くから舗装された道を東に進もう。車の往来も少なく快適だ。道標が立っていて分かりよい。3キロメートル余の道程。

「るりの滝」の水で孝謙天皇の眼病が治ったことで、目の霊山として多くの信仰を集めるこの寺は真言宗の古刹で、国・県指定文化財が多い。

まず、境内入り口にどっしりと構える山門。これは元掛川城の大手門を移築したものだという。太い柱、上部を白い漆喰壁で固めた重量感あるたたずまいは重文に恥じない。右わきに立つ1本の傾いた高い木は、天然記念物の「御霊《みたま》スギ」だ。

三重塔は慶長16年（1611）に完成した。滋賀県の長命寺、京都府の宝積寺《ほうしゃくじ》のものとともに桃山時代の三名塔のひとつに数えられ、屋根の反りの優美さ、巧みな軒下の組物、全体の安定感など、ため息が出てしまいそう。

一段高い位置に本堂が構える。この奥まった所が内陣で、その中央に本尊の薬師如来座像を安置した厨子がある。室町時代末期の造りといわれ今川義元の供養のため寄進されたものと伝えられている。

油山寺の本尊を安置した厨子

■袋井市村松1
☎0538-42-3633

Aコースタイム

◆

- ＪＲ袋井駅
- バス10分、徒歩5分
- 可睡斎
- 徒歩45分
- 油山寺
- 徒歩60分
- 千鳥ケ池経由で可睡斎前
- 45分
- 西楽寺
- バス20分
- ＪＲ袋井駅

西楽寺本堂唐破風の向拝

ぽいんと

丸山照範住職

「本堂の建物とご本尊の阿弥陀如来像、また薬師堂の薬師如来像はいずれも県指定の文化財ですよ」

なるほど、静かに仏像と対面していると、心が洗われたような気がしてくる。

県指定文化財の阿弥陀如来立像（平安時代製作）

薬師如来像（平安時代）

本堂内部の格天井も素晴らしい

仏像と対面、清らかな気持ちに

【西楽寺《さいらくじ》】（本堂＝県有形文化財ほか）

西楽寺は可睡斎から約3キロメートル北。油山寺から千鳥ケ池を経由していったん可睡斎まで戻る。油山寺手前分岐を南へ進み、道標に沿って迂回する。可睡斎前から、そのまま西に向かい県道58号に合流する。北上し信号左先に磐田信用金庫を見たら右折、田畑の中を北東方向にジグザグに進む。道がやや分かりにくいが閑静な場所に西楽寺がある。

歴史は古く約1300年前、聖武天皇が行基に命じて開かせたという。今川義元、豊臣秀吉、徳川家康など歴代武将から手厚く庇護されてきた。

本堂は享保年間（1716〜35）に建てられたものといわれ、入母屋造り柿《こけら》ぶきの禅宗様式で、平成3年から解体修理が行われ創建当初の姿によみがえった。優美な屋根の反り、破風の彫刻飾りなど見ごたえ十分。まさに隠れた文化財の一級品を見た感じだ。

清らかな気持ちになったところで、県道まで出てバスを待とう。

■袋井市春岡384
☎0538－48－6754

厄除け願って参道を上る

おおらかで力強い

【尊永寺仁王門《そんえいじにおうもん》】（国重要文化財）

通称は法多山。山号で呼ばれている。ここの仁王門は、バス停からみやげ店を抜けるとすぐの所。寛永17年（1640）建立という。

尊永寺仁王門部分

桃山時代の特色を残す2層の門で、入母屋造り柿《こけら》ぶきで垂木や組物も大きく、おおらかで力強い。両わきでいかめしい仁王像が参拝者を見守る。仁王像に敬意を表してから杉木立の長い参道を本堂めざしてゆっくり上がる。

尊永寺仁王門

神亀2年（725）聖武天皇の勅命により行基が聖観世音菩薩を安置したのが始まりといい、厄除観音で広く知られる。

■袋井市豊沢2777
☎0538-43-3601

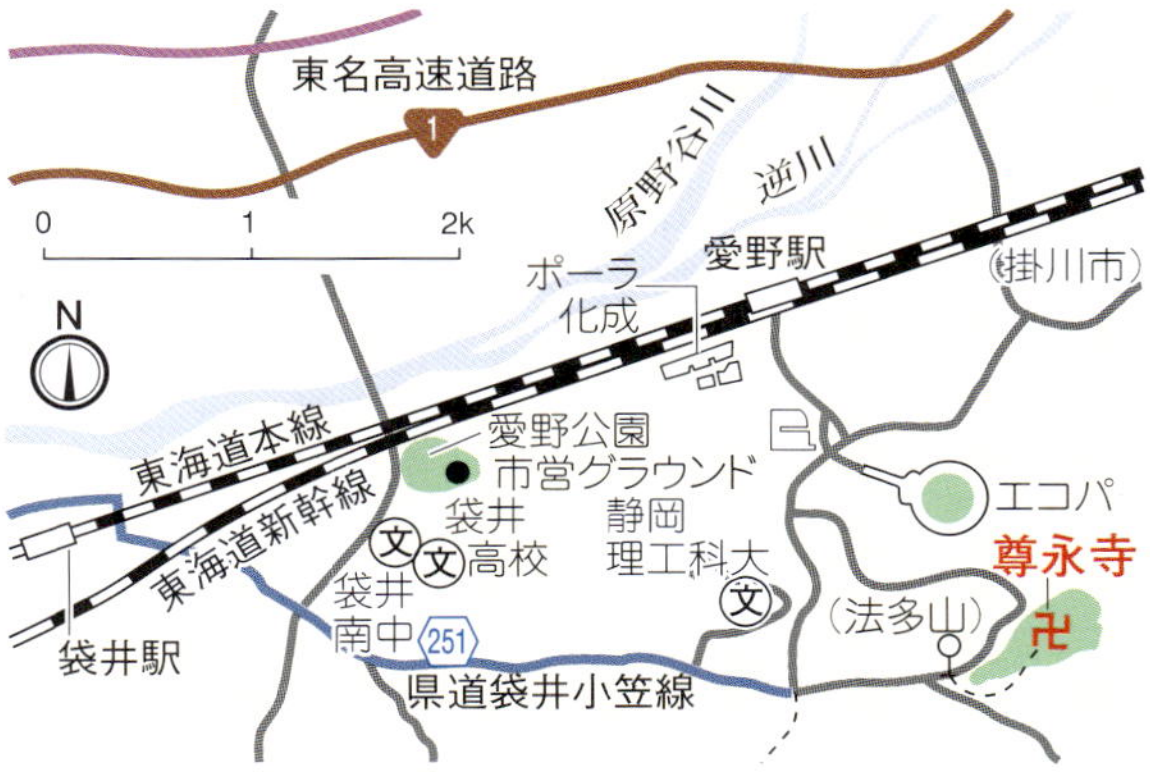

土産ならコレ！

「厄除けだんご」やまんじゅう

「遠州三山」にはそれぞれ人気のお土産がある。法多山の「厄除けだんご」は変わった串ざし。油山寺の「油山寺まんじゅう」は「め」の文字がついている。可睡斎は「ぼたん餅」。

- 法多山だんご（法多山名物だんご協同組合☎0538-42-4784）
- 油山寺まんじゅう（池野物産　☎0538-42-4293）
- 可睡斎ぼたん餅（瀬川屋　☎0538-43-5266）

Lunch お昼に寄りたい

可睡斎の精進料理

袋井市久能2915-1
☎0538-42-2121

古くから客人に供された精進料理が楽しめる。完全予約制で2000円、2500円、3000円。季節の味を織り込んだ心遣いがうれしい。

◆Bコースタイム

JR袋井駅
バス15分
法多山尊永寺
静岡スタジアム・エコパ経由 徒歩60分
JR愛野駅

磐田 中心部の旧跡を散策

遠江国分寺跡、府八幡宮楼門、旧赤松家、旧見付学校

サッカーのまちは文化財の宝庫

東海道の宿場として発展した見付宿。ここに鎮座する矢奈比売神社、通称〝見付天神〟は学問の神様として有名だが、毎年旧暦8月10日前の土・日曜に行われる伝統の裸祭は国指定の無形民俗文化財に格上げされた。〝サッカーのまち〟として脚光を浴びる磐田市だが、古墳群をはじめ史跡、建造物、天然記念物などの文化財が中心部近くに多数点在している。

磐田市役所ロビーにある模型

市役所屋上から見た遠江国分寺跡

JR磐田駅前で、まず「ジュビロ君人形」の歓迎を受ける。バス停のすぐわきに大きなクスが枝葉を広げている。「善導寺のクス」で県の天然記念物。以前ここに寺があり、今は市民の憩う小公園となっている。推定樹齢700年。

全国国分寺研究の先がけ

【遠江国分寺跡《とおとおみこくぶんじあと》】（国特別史跡）

ジュビロードと呼ばれる商店街をまっすぐ約10分、道路左側に市役所を見て、北側の広い芝生の広場が遠江国分寺跡。国分寺は聖武天皇の勅願により国ごとに置かれた寺。遠江のものは全国で初めて発掘がなされ、国分寺研究の出発点となった。

奈良東大寺様式の配置で七重塔もあったというが、今は建造物は何もなく所々に礎石と解説板が立つ程度で、想像するのがむずかしい。

■磐田市見付3220—1

雄大な反りに目を見張る

【府八幡宮楼門《ふはちまんぐうろうもん》】（県有形文化財）

国分寺跡との道路を挟んで東側が府八幡宮。社伝によると創立は天平年間（729〜748）という。

楼門は寛永12年（1635）に建立されたもので、屋根の大きな反りの雄大さには目を見張る。

■磐田市中泉112—1
☎0538-32-4762

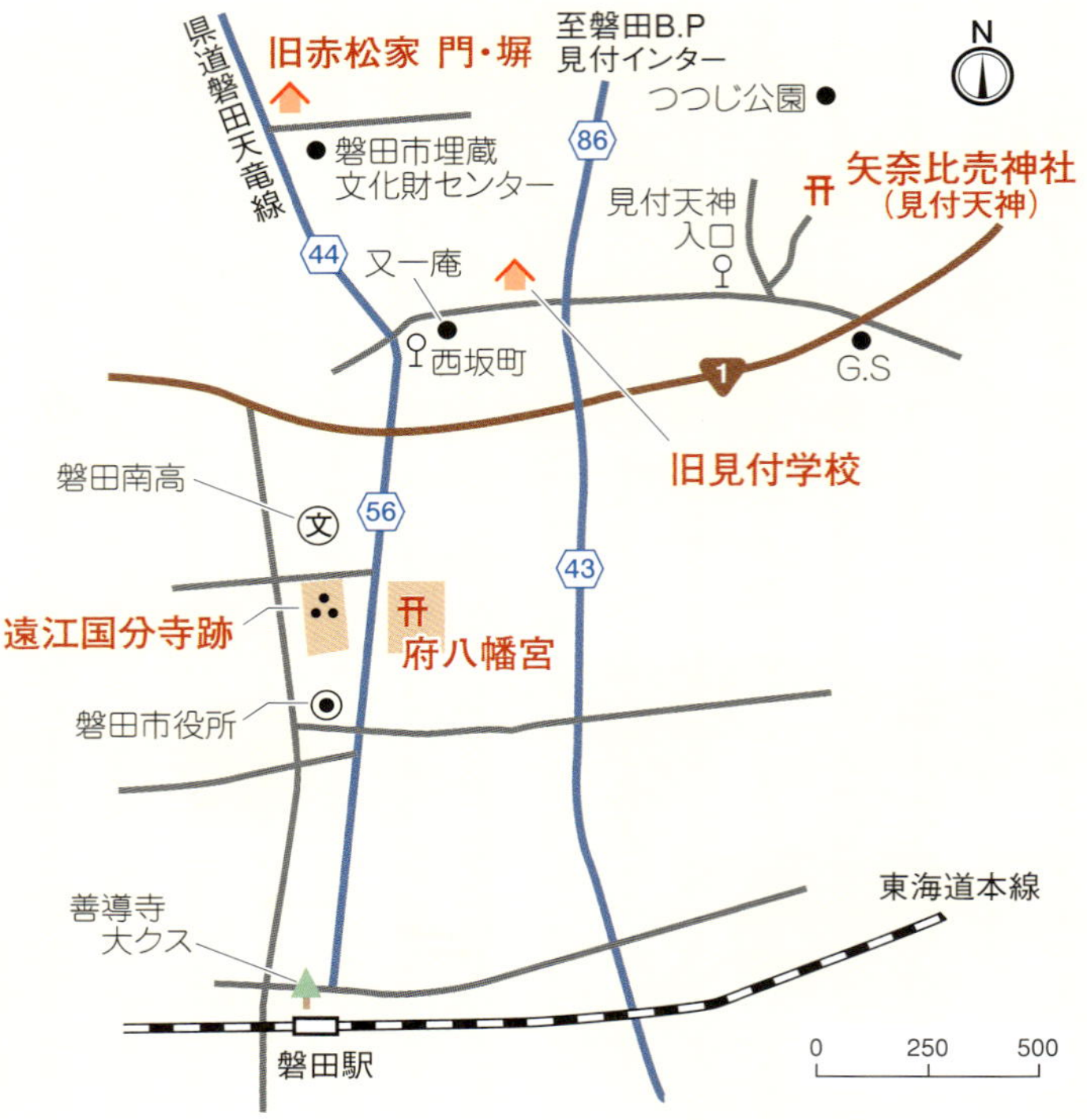

府八幡宮楼門

旧赤松家の門、塀

府八幡宮楼門部分

池田貞臣宮司

ここがポイント

「府八幡宮は天武天皇の曾孫・桜井王が守護神として創建した由緒ある神社。楼門の形や彫刻などよく見てください」

埋蔵文化財センター

埋蔵文化財センターへ

府八幡宮から北へ約20分、国道1号を横切り、中遠総合庁舎前を過ぎると市立図書館。この奥に埋蔵文化財センターがある。

磐田市内ではたくさんの古墳や遺跡が発掘されているが、出土された遺物を整理保存するため県内で初めて完成した施設。ここでは主な出土品や古墳の状況が模型やパネルで解説されている。「三角縁《さんかくえん》四神《ししん》四獣鏡《しじゅうきょう》」など興味深いものが展示されている。

■磐田市見付3678—1
☎0538−32−9699
休土・日曜日、祝日

元主は造船技術の先駆者

【旧赤松家《きゅうあかまつけ》の門《もん》・塀《へい》】（県有形文化財）

市立図書館横の道路を渡った先が旧赤松家。道路沿いのれんが造りの門と塀が一際目を引く。

家の元主、赤松則良は幕末に咸臨丸で渡米、さらにオランダに留学、後に明治維新政府のもとで造船技術の先駆者として功績をあげた人。

公職を退き、見付に移り住んだ明治25年ころ建てられたものといわれ旗本が帰農した歴史的建造物として価値ある資料だといわれる。

れんがと漆喰壁のコントラスト、門前の大クスや邸内の緑との映りがなかなか絵になる。

■磐田市見付3884—1

土産ならコレ！

「きんつば」

甘さを抑えた良質のあずきあんを、つぶさずに四角にかたどり、薄衣で包んで焼いた上品な味。1個100円。

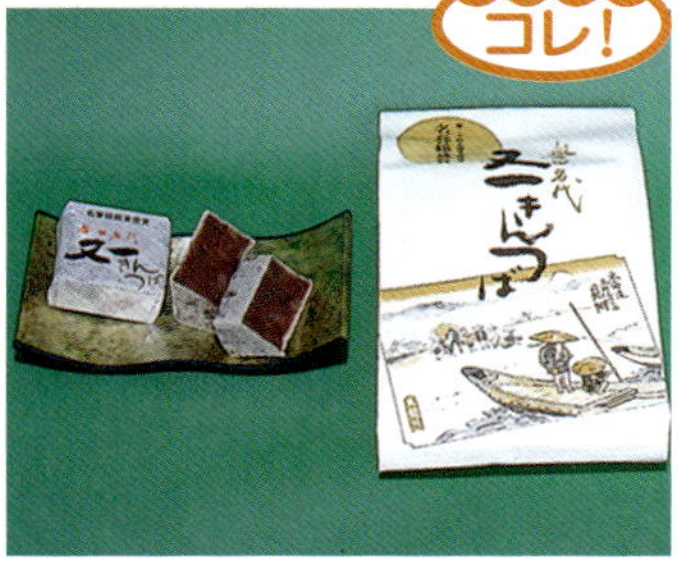

又一庵本店
磐田市見付2808
☎0538−32−2371

コースタイム

- JR磐田駅
- 徒歩15分
- 遠江国分寺跡
- 徒歩5分
- 府八幡宮楼門
- 徒歩20分
- 埋蔵文化財センター
- 徒歩5分
- 旧赤松家の門・塀
- 徒歩15分
- 旧見付学校
- 徒歩15分
- 見付天神社

旧見付学校は日本最古の木造擬洋風小学校校舎

ハイカラな明治の建物

【旧見付学校《きゅうみつけがっこう》】（国史跡）

旧東海道に出て、東へ5分ほど歩くと左手に中央に塔のある白い洋館風の建物に出合う。

明治8年（1875）に建てられた旧見付学校で、現存する日本最古の木造擬洋風小学校校舎だ。とても木造には見えず、塔屋のついた外観はどこかエキゾチックで美しい。

館内に入るといきなり昔の授業風景に出合ってびっくり。明治期からの教育資料もたくさん展示されている。急な古い階段は時代を感じさせるが上り詰めると5階塔屋に行き着く。往時は何とハイカラな建物だったことか。街中が一望できる。

学校の裏側にある土蔵風の小さな建物が「磐田文庫」。元治元年（1864）大久保忠尚が創建、この地域の最初の公共図書館として一般に開放された。

■磐田市見付2452
☎0538-32-4511
＊無料　9時～16時30分　㊡月曜日、祝日の翌日、年末年始

磐田文庫。この地域の最初の公共図書館

館内に再現された昔の授業風景

【見付天神裸祭《みつけてんじんはだかまつり》】（国重要無形民俗文化財）

旧見付学校から東へ数分歩いた所に天神灯籠が立つ。「見付の天神さん」と親しまれる矢奈比売《やなひめ》神社への入り口だ。拝殿の両わきには大きな石像の牛が横たわっている。まずは学問の神様に拝礼。

国の重要無形民俗文化財に指定された裸祭は旧暦8月10日前の土・日曜に行われる。裸に新わらで作った腰みのをつけた男衆が、押し合い、もみあいながら通りを練り歩き、拝殿内で鬼おどりを披露する。深夜、零時を過ぎると見付天神の神様が遠江の総社である淡海《おおみ》国玉《くにたま》神社へ神輿に移され渡御する。

社殿の背後はつつじ公園につながっていて、4～5月は桜、ツツジの花で彩られる。

■磐田市見付1114—2
☎0538‒32‒5298

見付天神裸祭

見付天神境内のしっぺい太郎の像

矢奈比売神社

しっぺい太郎の伝説

見付天神の坂を上がっていくと赤鳥居のわきに霊犬しっぺい太郎の像がある。

信州と遠州を結ぶ伝説に「しっぺい太郎」という強犬伝説がある。この神社を舞台にした伝説は、こうだ。

毎年8月、白羽の矢が立った家では娘を人身御供に出す習わしだった。これを救おうとした旅の僧が「信濃善光寺前のしっぺい太郎には知らせるな」という怪物の声を耳にし、駒ヶ根市の光前寺で探し当ててしっぺい太郎を借り受けた。太郎はみごと怪物を退治、怪物の正体は老いたヒヒだった。

Lunch お昼に寄りたい

キャナリィ・ロウ

磐田市富士見台13—1
☎0538‒31‒0067
㊥11時～21時（LO）

季節の花がアプローチを彩るイタリアン・レストラン。スパゲティは塩、トマト、クリームベースなど各種そろっている。カリッと香ばしいピザやケーキバイキングも好評。ランチは980円から、「ディナーセット」は1980円から。

森 古社に伝わる古代舞楽

天宮神社、大洞院、小國神社、友田家住宅

花や祭りの時期に合わせ散策

遠州森町と言えば花の寺社の多いことと森の石松で有名だが、舞楽も古くから伝承されている。小國神社、天宮神社、山名神社では、それぞれ例祭に境内の舞殿で、厳かな中にも雅やかに奉納される。「遠江森町の舞楽」として国の無形民俗文化財に指定されている。祭りの日にしか見るチャンスはないが、古来の文化が染み付いた土地を歩くのも一興だろう。時節が合えば花の寺と絡めて回ることもできる。

次郎柿

次郎柿原木

遠州森町が発祥地

【次郎《じろう》ガキ原木《げんぼく》】（県天然記念物）

秋の味覚の一つ、次郎柿が遠州森町が発祥地とはご存じ？　天浜線遠州森駅を出て、表通りを右にとり、2つ目の信号の右わき道を南に下がった民家の間に原木が立っている。

説明板によると―この町の松本治郎という人が弘化年間（1844〜47）に太田川の河原で柿の幼木を拾い、庭に植えたところ実をつけるまでに生長したが火災で焼失、翌年根元から発芽生長し再び実をつけた。果肉が緻密で甘みがあり、種も少なく評判になった。当初は「ジンロウ（治郎）柿」と呼ばれたが明治33年（1900）ころ「次郎柿」となった。

風格ある古風な本殿

【天宮《あめのみや》神社】（本殿・拝殿＝県有形文化財）

街中を進んでも良いが、ここでは県道の森川橋に出て、太田川右岸を北上する。2つ目の橋・天森橋の少し先に案内があり、左に折れると神社はすぐ。

鳥居をくぐって、高い木立の参道を上がると正面に古風な控えめの拝殿と背後に本殿が鎮座している。左手前には舞殿も備わる。本殿・拝殿は元禄10年（1697）5代将軍綱吉が幕府棟梁甲良豊前守宗賀に命じて修造したもので県指定建造物、本殿は三間社流造り檜皮ぶき。拝殿は入母屋造り桟瓦ぶき。

■森町天宮576
☎0538-85-5544

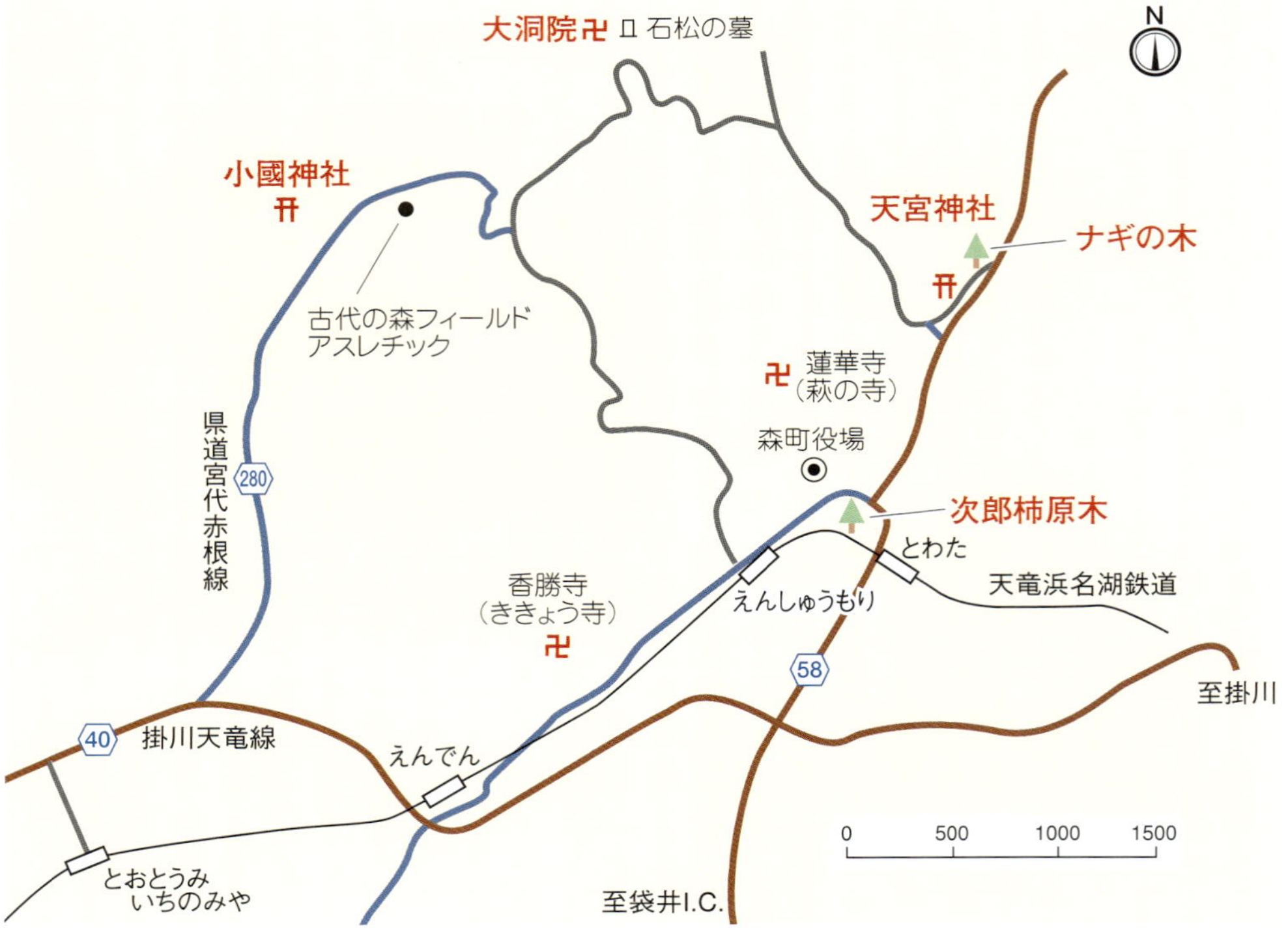

拝殿

アクティ森《もり》

森町問詰1115-1
☎0538-85-0115(代)
㊔9時〜17時　㊡水曜日

森町の自然や文化をじっくり楽しめる観光施設。郷土で育まれた陶芸、吉川和紙、遠州鬼瓦、草木染めなどの伝統工芸が体験できる。レストランでは地場産野菜を使った田舎定食1550円、地元キノコが入ったコロッケ定食1250円などが好評。特産品や農産物加工品の販売も人気。

天宮神

舞殿での十二段舞楽の奉納。4月第一土・日曜に行われる

県指定天然記念物のナギの木

ナギの木の伝説

本殿右側に御神木のナギの古木がある。県指定天然記念物で樹齢1500年余ともいわれ、創祀を記念して筑紫の国の本宮から苗木を持参して植えたものと伝わる。ナギの葉は葉脈が強靭で横に切れにくく、縁が切れない＝「縁結びの木」とか、2枚重ねると力士でも切れない?のに弁慶は1000枚に挑戦し失敗＝「弁慶泣かせ」などと呼ばれる。

コースタイム

◆

天浜線遠州森駅
徒歩10分
次郎ガキ原木
徒歩20分
天宮神社
徒歩40分
大洞院
徒歩60分
小國神社
徒歩45分
天浜線遠江一宮駅

＊歴史の散歩道から「はぎ寺」(蓮華寺)〜遠州森駅
　または小國神社〜「ききょう寺」(香勝寺)〜遠州森駅も可能。

小國神社の十二段舞楽

小國神社

舞楽のうち「太平楽」を舞う小学生

大洞院の紅葉

石松の大洞院へ

天宮神社から森中学校横を進み、高架橋下を過ぎると、大洞院《だいとういん》参道の大きな石碑が立つ。左に道をとり、曲がりくねった坂を上がると大洞院入り口だ。「石松の墓」は境内前の赤い橋の向かいに立つ。

境内の真殿にある「消えずの灯明」は室町時代の創建以来、途絶えたことがないという。

■森町橋249
☎0538-85-2009

伝統受け継ぐ小学生

【小國《おくに》神社《じんじゃ》十二《じゅうに》段《だん》舞楽《ぶがく》】（国重要無形民俗文化財）

大洞院から小國神社までは4キロメートルほど。緑一色の静かな山あいをのんびり進もう。途中「はぎ寺」や「ききょう寺」への分岐に出合うが、まずは小國神社へ。最後にやや急勾配の坂を上がり切ると、もう小國神社の広い境内〝古代の森〟の中だ。

南側の大鳥居から本殿につながる参道両側には樹齢数百年の老杉が立ち尽くす。本殿は明治15年（1882）の火災後再建されたもので大社造りの堂々とした構え。国造りの守護神、大己貴命《おおなむちのみこと》＝大国主命を祀り、1400年以上の歴史がある。

本殿前方に舞殿があり、春の神幸祭（4月18日に最も近い土・日曜日）に伝統の十二段舞楽がここで奉納される。

国指定重要民俗文化財の「遠江森町の舞楽」は小國神社の十二段舞楽と天宮神社の十二段舞楽、山名神社天王祭舞楽の3つからなる。小國神社と天宮神社の舞いはほとんど似ているが、山名神社のものは京都八坂神社の祇園祭の芸能要素をもつといわれ八段で構成される。

小國神社の舞楽は大宝元年（701）勅使が舞ったのが始まりとされ、天宮神社でも神官として赴任した藤原綾足が慶雲2年（705）舞楽を奉納した記録が残る。

土産ならコレ！

「梅衣」

明治天皇に献上したこともある伝統ある和菓子。こしあんを牛皮で包み、蜜で煮た青じそでくるんである。

栄正堂
☎0538-85-2517(代)

友田家全景

友田家の内部

友田家の軒下

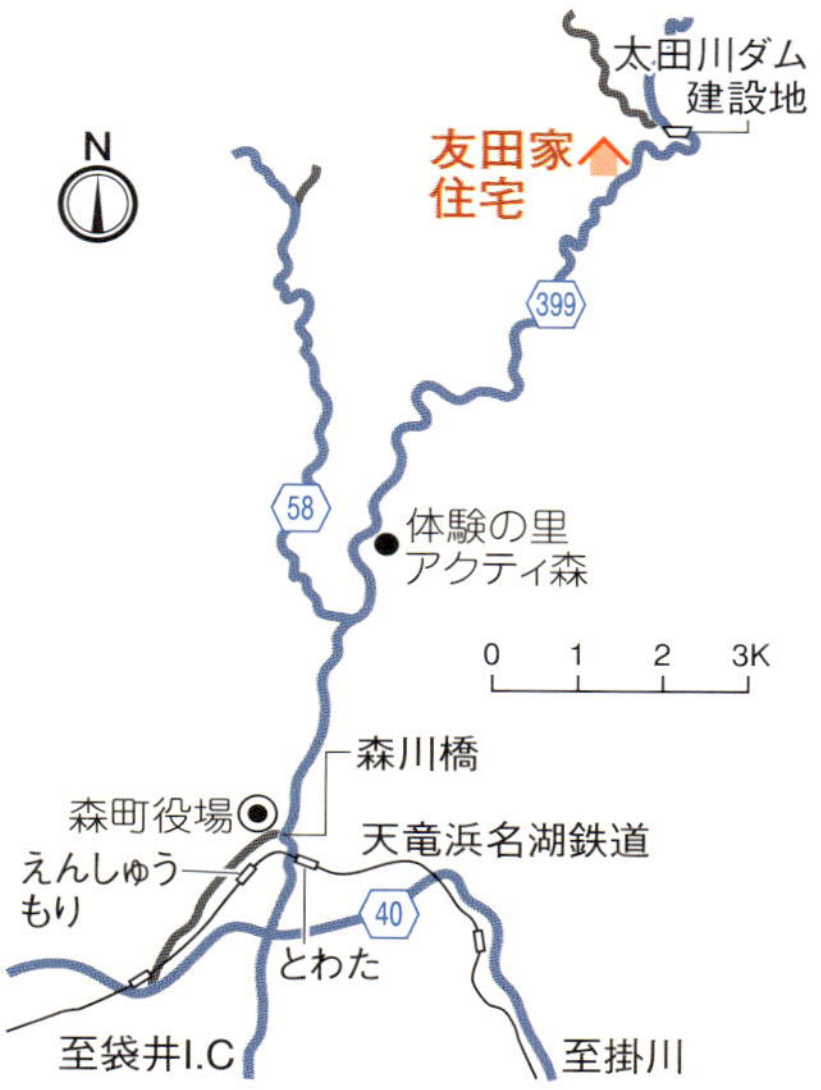

十二段のうち半分は小学生が舞い、指南役も明治期までは世襲だったが今は氏子によって受け継がれている。

■森町一宮9356
☎0538-89-7302

日本の原風景のよう

【友田家住宅《ともだけじゅうたく》】（国重要文化財）

森町中心部の太田川森川橋から約12キロメートル、太田川上流の山間地にこの古民家はある。2キロメートルほど奥はダム建設予定地だ。

江戸時代、友田家は代々庄屋を務めた旧家といわれ、元禄13年（1700）に前の畑から移築され、少なくも300年以上前の建物。茅ぶき屋根、それを支える太い柱と梁、広い土間、格子建など古い日本の民家の様子が一目で分かる。今、このような古い建造物や日本の原風景を目にするのが困難になってきた。

■森町亀久保355
☎0538-87-0221

春野 役場を起点に4コース

犬居城跡、秋葉山、旧王子製紙製品倉庫、大光寺

豊かな自然と信仰の里をドライブ

天竜川支流の清流気田川が町の中を蛇行し、自然がいっぱいの春野町。昔は秋葉山詣での表参道として多くの信者が行き交った土地でもある。この地には天然記念物をはじめ、山城・犬居城跡やかつての林業王国の名残の旧王子製紙製品倉庫などの文化財がある。ただしアプローチが長く、交通の便がよくないのでコースを分け、現地まではマイカー利用を原則とした。

秋葉山を目指して

行場となって行者山の名

【犬居城跡《いぬいじょうあと》】（県史跡）

役場から国道362号で気田川の犬居橋を渡り、すぐ左に折れると犬居の集落。この中心部に犬居城入り口の案内がある。車はもう少し上がれる。城跡登り口には「0.6K 25分」の標識が立つ。道は比較的広いが、案の定勾配がきつい。

あえぎながら登ると、頂上らしき所にコンクリート造りの望楼が建つ。ここが物見曲輪跡。行者山（標高250メートル）の頂だ。

犬居城は北遠の領主天野氏の居城で、戦国時代武田方に寝返った天野氏に激怒した徳川家康はこの城を2度攻撃、天正4年（1576）落城。その後、荒廃にまかせていた山に役行者の石像を安置、行場となって行者山の名がついたという。今もここには石像が祀られている。

望楼からは眼下に大きく蛇行する気田川と直下は県立春野高校で、グラウンドからの野球の快音が届く。右前方の高い山は秋葉山。秋葉神社上社に続く道は山ふところだ

コンクリート造りの望楼（物見曲輪跡）

ドライブコース

＊役場～犬居城跡～秋葉神社下社～表参道～秋葉山

＊役場～白井鉄造記念館～旧王子製紙製品倉庫

＊役場～春埜山大光寺（春埜杉）

＊役場～岩岳山（アカヤシオ・シロヤシオ群生地）

㊤秋葉山表参道
㊦秋葉神社下社

ぽいんと

稲垣敏彦さん
秋葉道・塩の道踏査研究会会長

「秋葉山は、本当をいうと足で登ってほしいですね。途中に三尺坊があり、地元の方も道を整備してくれています。往復3時間半から4時間。足はガクガクしますが、杉木立が見事で山門も素晴らしい。昔の人の敬けんな気持ちが、心地よい疲労を通して分かってきます」

東海自然歩道のルート

【秋《あき》葉《は》神社《じんじゃ》上社《かみしゃ》】

気田川の犬居橋から西へすぐの所が春野高校。信号を右に折れて、道なりに進むと間もなく秋葉神社下社。さらに1.5キロメートルほど進むと表参道入り口だ（駐車場は300～400メートル手前）。

秋葉山詣でで最も多くの人が利用した山頂に通じる参道の入り口で、現在は東海自然歩道のルートにもあたる。新しい石灯籠が並び、石畳が敷かれてかつての光景は一変したが、さわやかな空気を満喫したい。上社までは片道約2時間。本来歩くのが建前だが、足と時間に制約のある人は車で気田川沿いに下り、雲名橋からスーパー林道を上がる。

■秋葉神社上社 春野町領家841
☎0539-85-0111
■秋葉神社下社 春野町領家328-1
☎0539-85-0005

林業王国の歴史実感

気多中学校内に文化財が

【旧王子製紙製品倉庫】（県有形文化財）

国道362号沿いの山村開発センターの広い駐車場には大天狗の面が周囲をにらみつけている。その大きさは日本一だという。鼻の高さが4メートルもある。

センターの一角には「すみれの花咲く頃」で有名な宝塚歌劇団育ての親の「白井鉄造記念館」（春野町堀之内）があり、氏の愛用品や宝塚関係資料が展示されている。春野町犬

白井鉄造記念館

Lunch
お昼に寄りたい

路人
春野町領家1149-2
☎0539-85-0243
㊮9時30分～17時 ㊡火曜日

手打ちそば、もち、こんにゃくなどが食べられる。遠州鉄道西鹿島駅から車で30分。

旧王子製紙製品倉庫（気多中学校内）

居の出身。

中川根方向に、役場から走ること数キロ、橋を渡るとスーパーが左にあり、ここを入ると気多中学校に出る。この校庭に〝製品倉庫〟なるものがある。

正門を入ったすぐわきにれんが造りの小さな平屋の建物がそれだ。石に刻まれた説明によると「旧王子製紙事務室」とあり、工場が完成したのは明治22年（1889）、230名余りの従業員を擁した一大木材パルプ工場であったという。大正12年（1923）閉鎖。今の学校敷地は工場跡地なのだ。

建物の前に大きな丸い石が置かれている。木材をすりつぶすのに使ったグラインダー用の砥石のようだ。

■春野町気田556－1
問い合わせ先＝気多中学校
☎0539－89－0023

巨大な砕木砥石

県内有数の巨木

東海自然歩道ルート

【春《はる》埜《の》山《さん》大《だい》光《こう》寺《じ》春《はる》埜《の》杉《すぎ》】（県天然記念物）

春埜山（883メートル）は春野町と森町の町境にあって、この山頂近くに大光寺がある。境内に推定樹齢1300年以上、幹周14メートル、樹高43メートルという県内有数の巨樹がそびえ立つ。樹勢もおう盛。

ここは東海自然歩道のルートになっているが、マイカーで寺の駐車場まで上がれるものの、道が分かりにくい。2つの道を紹介しよう。春野町役場側からは、県道58号を南下、平野地区の新不動橋から左に入り、東海自然歩道の道標に従って砂川〜大時地区を経由大光寺へ（県道入り口から約13キロメートル）。

森町方向からは同じ県道58号を北上、周智トンネルの少し手前に右に入る案内があるのでこれに従って胡桃平〜大時経由で大光寺へ（10.5キロメートル）。

■春野町花島22－1
☎0539－86－0941

境内石段上の本堂両わきには精悍な面構えの山犬の石像。寺の話では、この像の下に積まれている小石を借りて安産の願掛けをし、願いがかなうと石を倍返しする風習があるのだそうだ

大光寺本堂

生命力あふれる春埜杉の巨木

土産ならコレ!

アユ、ヤマメの甘露煮

じっくりと焼き、甘辛く煮上げた甘露煮はかむほどに味わいが深まる。アユ、ヤマメとも3本800円、5本1300円

気田川漁協
春野町堀之内1010-2
☎0539-85-0211

美しいピンクの花を咲かせるアカヤシオ

秘境に咲く幻の花

【京丸《きょうまる》のアカヤシオ・シロヤシオ群生地】（国天然記念物）

京丸ぼたん伝説で知られる京丸の里。この東側の岩岳山《いわたけさん》（1369メートル）一帯には原生林の中にアカヤシオやシロヤシオが部分的に純林を成し群生する。アカヤシオは4月下旬から5月上旬、山頂付近の岩場でピンク色の花を枝先につける。一方、シロヤシオは岩岳山北部から高塚山、竜馬岳辺りに大木が多く、葉が出てから花をつけ、5月中旬から下旬が見ごろ。

岩岳山へは国道362号の杉地区平城から杉川の橋を渡り小俣の林道に向かう。岩岳山往復に5時間を要する。

浜松 市街地を時の流れにのって

蜆塚遺跡、伊場遺跡、楽器博物館、浜松科学館

縄文・弥生時代から開発の進む現代へ

浜松の中心部から西へ、佐鳴湖の東岸の丘陵上にある蜆塚遺跡は東海地方でも貴重な貝塚が残されている。地域の歴史文化が形成された様子がわかる浜松市博物館とあわせて見学した後、伊場遺跡までを訪ねれば、数世紀にわたる文化の発展が感じられる。駅前周辺は、浜松市のシンボルとなっているアクトタワーをはじめ、都市構想が着々と進む地区。近代化の中にも伝えていきたい文化がある。

縄文時代の暮らしを感じる

【蜆塚遺跡《しじみづかいせき》】（国史跡）

JR浜松駅前から佐鳴台方面行きのバスに乗り約15分、閑静な住宅地の一角に蜆塚遺跡がある。縄文時代後期（3000～4000年前）の集落跡を中心とした遺跡公園だ。

足を踏み入れると、蜆塚の名のとおり足元に白い貝殻が散乱していて驚かされる。本格的な調査が昭和30年以後行われた結果、30戸の住居跡が発見され、貝塚も3カ所にわたって存在していたことが明らかになった。貝塚の中には魚骨、獣骨、器物の廃品などが発見され、当時の生活を知る手がかりとなっている。住居近くの墓地には人骨も見つかり、すべて隣接した浜松市博物館に展示されている。復元された住居は5棟、平地式で中央に炉があり、掘立柱《ほったてばしら》で屋根をささえている。

■浜松市蜆塚4—22—1　入場無料
※浜松駅バスターミナル2番から「蜆塚・佐鳴台」行き「博物館」下車

復元された遺跡の屋根（内側から）

目で見る浜松の歴史

【浜松市博物館《はままつしはくぶつかん》】

木立の中を抜けていくと、白い建物の浜松市博物館が見えてくる。博物館では、数万年におよぶこの地域の歴史を紹介した常設展示をはじめとして企画展や特別展などが随時開催されている。

縄文時代では隣接した蜆塚遺跡から出土された遺物を中心に展示。東海地方有数の貝塚の解説や縄文式土器、装飾品、狩りや採集に使われた石器などが紹介されている。弥生時代では農具や土器、銅鐸等を展示。古代のコーナーには古墳が築かれた

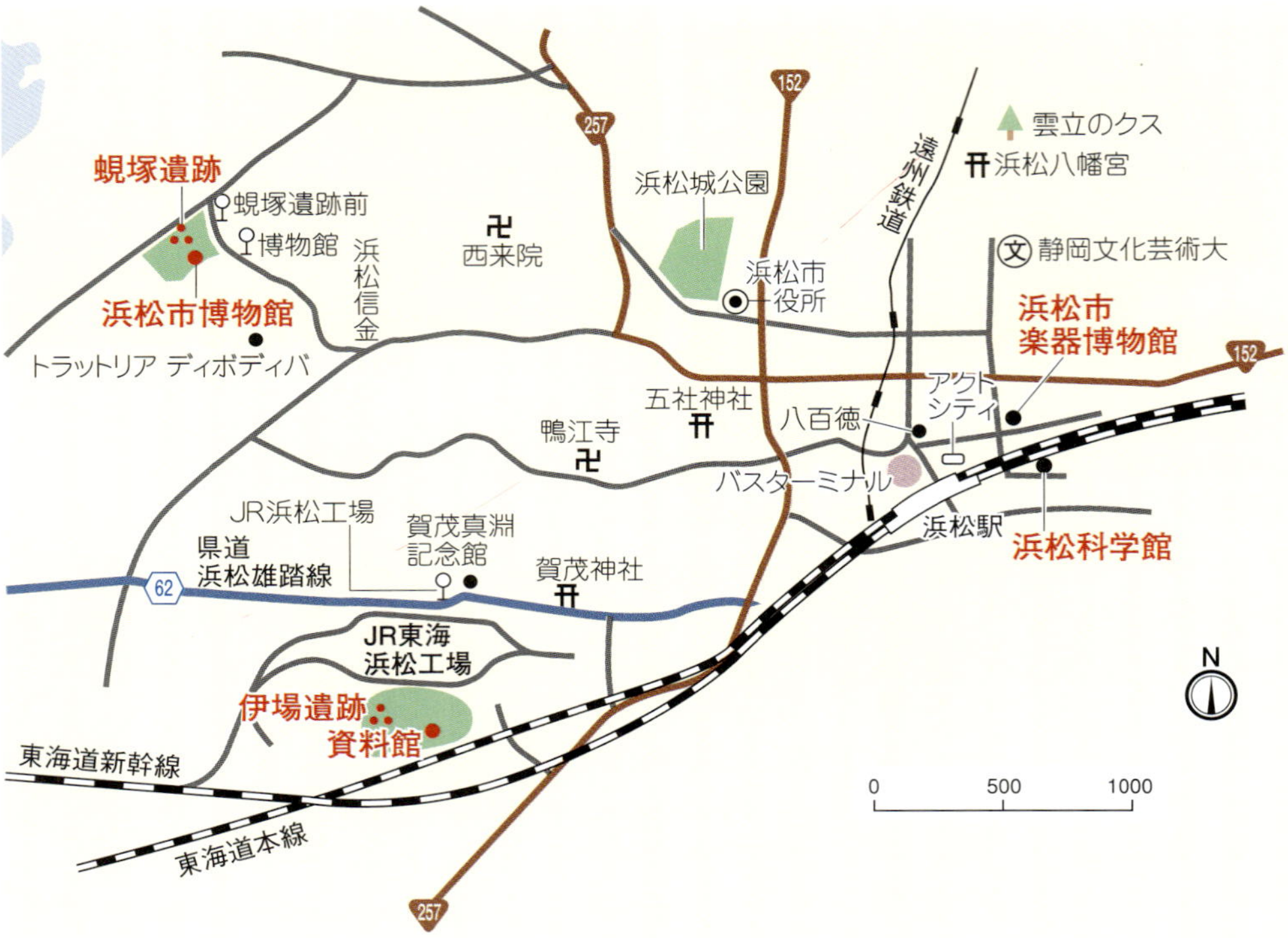

遺跡公園の周囲には竹林や桜の木があり、四季折々の自然を楽しめる

蜆塚遺跡

展示室で出迎えるのは大きなナウマン象の骨格模型

遺跡公園内には江戸時代の農家、旧高山家住宅もあり庶民の暮らしが分かる

古代の人々の生活を学ぶ子供たち

出土したおびただしい数の貝殻

時代のムラの生活、奈良・平安時代では律令制下の人々の生活について説明している。

ほかにも中世、近世、近代にわたり、この地方の歴史と文化の歩みが分かる品々が多数展示されている。

博物館を出て緑の間を通るスロープを登り、通りに出たら右折して山手町方面に向かってみる。坂を下り大通りへ出たら、通りに沿って南西方向へ進んでみよう。途中鴨江に左折する道を200メートルほど入ると珍しい「根上がり松」があるのでここで休憩してもよい。

■浜松市蜆塚4―22―1
☎053―456―2208
＊観覧料　大人300円　中人（高校生）150円　子供（小・中学生）100円　9時30分～17時　㊡月曜日・祝日の翌日、年末年始

歴史を語る複合遺跡

【伊《い》場《ば》遺《い》跡《せき》】

大通りはやがて雄踏街道と交差する。街道を左折して浜松市街をめざして行くと、日本を代表する国学者の1人、賀茂真淵の生誕記念碑がある。そこから南へ向かうと、縄文時

コースタイム

蜆塚遺跡
↓
浜松市博物館
↓ 徒歩1時間15分
伊場遺跡
↓ 徒歩30分
浜松市楽器博物館
↓ 徒歩5分
浜松科学館

代から室町時代までさまざまな遺跡が重なっている複合遺跡、伊場遺跡がある。

　伊場遺跡は浜松駅から西南西に約2キロメートル、三方原台地のがけ下に広がる古い海岸砂丘の上に位置している。範囲は広く、現在の遺跡資料館がある場所を含め数百メートルにもおよんでいる。

　遺跡の入り口から西方向に広がる伊場遺跡公園には、古墳時代の復元住居や掘立柱の建物群跡、奈良時代以降の役所風の建物が推定して建てられている。また弥生時代の集落を囲んで外敵から集落を防御していた三重の環濠《かんごう》の一部や、貴重な木簡類が多数出土した古代の大溝などが見学できる。

　伊場遺跡資料館にも立ち寄ってみたい。この遺跡では、縄文時代から室町時代くらいまで（約3000〜800年前）の貴重な出土品が多数発見された。中でも7世紀後半から10世紀にかけて地方の役所であったことがわかる木簡や墨書土器は全国的に注目されるもの。

伊場遺跡。復元された掘立柱の建物

■伊場遺跡資料館　浜松市東伊場2—22—1
☎053—454—1485
＊無料　9時30分〜17時　㊡月曜日、祝日の翌日、年末年始

伊場遺跡。復元住居

世界各国の楽器に出会う

【浜松市楽器博物館《はままつしがっきはくぶつかん》】

　資料館を出たら再び雄踏街道にもどる。賀茂真淵碑から雄踏街道を東へ向かう。左に浜松グランドホテルをながめ、国道257号と合流するころになると左前方に地上45階のアクトタワーが見えてくる。ここからタワー目指して歩いていけば、浜松市街地、駅前に着く。

　アクトタワー北側にあるレンガ色の建物が浜松市楽器博物館。浜松市は楽器産業の町として約100年の歴史と伝統を誇っている街。その地場産業を背景に、音楽文化都市の拠点となるように全国で唯一の公立楽器博物館として平成7年にオープンした。

　やわらかな照明で落ち着いた雰囲気の展示室にはヨーロッパの古楽器、アジア・アフリカの民族楽器、オセアニア、南北アメリカそして日本と世界各国から集められた楽器約1000点を展示。楽器は地域別に発音原理によって分類されている。ヘッドホンで約70種類の楽器の音色を楽しめるのも博物館の特色。音楽の世界に浸ってみるのもいい。

賀茂真淵記念館。賀茂真淵生誕の碑の横、灯籠坂を登ったところにある。

■浜松市板屋町108—1
☎053—451—1128
＊観覧料：（常設展）大人400円、中人200円、小人100円
9時30分〜17時　㊡月曜日、祝日の翌日、年末年始

浜松市楽器博物館地階第２展示室

土産ならコレ!

「うなぎパイ」

浜松土産の代表格。「夜のお菓子」というキャッチフレーズも有名だが、家族みんなで楽しめるお菓子として、バリエーション豊かに姉妹品もそろっている。

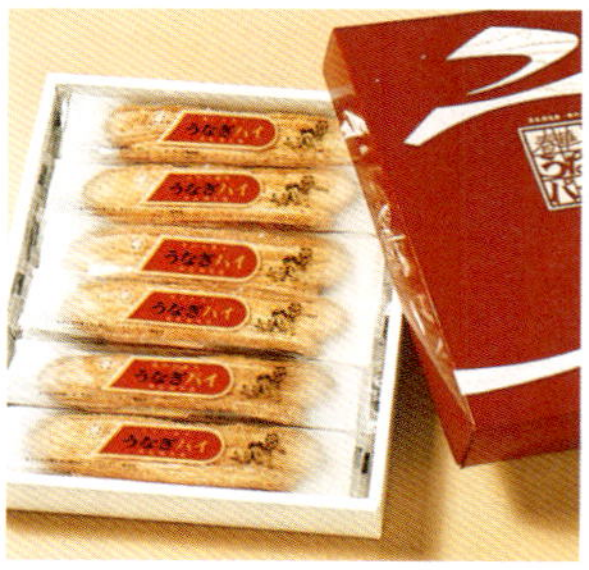

春華堂
浜松市神田町５５３—２
☎０５３-４４１-００５５
フリーダイヤル・０１２０-２１０４８１

遊びながら科学する仕掛けがいっぱい

遊びながら科学する

【浜松科学館《はままつかがくかん》】

楽器博物館を出て南へ向かって200メートルほど進み、JR高架線路をくぐると、左に浜松科学館がある。

円筒形のドームを中心に赤や黄色のパイプが建物を取り巻き不思議なデザインの外観。入り口まで続く通路には噴水や小川、池などがあり、それぞれにちょっとした科学の遊びができるように工夫されている。

中に入ると中央が吹き抜けになっていて、のぞいただけで面白そうな展示品が目に入る。1、2階は自然、宇宙、音、光、力、エレクトロニクスの6つのコーナーに分かれて、参加体験できる展示物が数多く設置されている。遊びながら科学する気分で子どもから大人まで楽しめるので、いろいろ挑戦してみるのもいい。

3階は直径20メートルのドームに宇宙のロマンが映し出されるプラネタリウム。星空散歩を楽しもう。

■浜松市北寺島町256―3
☎053―454―0178
＊観覧料（展示のみ）大人500円、中人350円、小人200円
9時30分～17時　㉁月曜日、年末年始

浜松科学館

浜松市楽器博物館の展示
チェンバロ（Fブランシェ作　1765年、フランス

アクトシティにある楽器博物館入り口

Lunch
お昼に寄りたい

トラットリア　ディボディバ

浜松市蜆塚4―21―20
☎053―455―2516
㊔11時30分～13時30分・18時～21時30分、土・日曜11時30分～14時・17時30分～21時30分　㉁月曜日、第3火曜日

シェフオリジナルのイタリア料理をゆったりと味わえる店。肉・魚料理、パスタ、デザートにいたるまで本格的な料理を気取らない雰囲気の中で楽しめる。ランチコース（1300円～）も人気。

Dinner
夕食に寄りたい

八百徳

浜松市板屋町252
☎053―452―5687
11時～20時15分（LO）㉁月曜日

一品で二度楽しめるうなぎ茶漬け（2300円）は試してみる価値あり。まずはうな重風に一杯目を楽しみ、二杯目ネギとワサビをのせてダシのきいたお茶をかけてさらさらと食べる。浜名湖産うなぎをこってり、あっさり堪能できる店。

おすすめスポット

佐鳴湖《さなるこ》

蜆塚遺跡から東へ向かって歩くと見えてくる佐鳴湖。湖の周囲は散歩道や公園が整備されていて、市民の憩いの場となっている。冬になるとホオジロガモやサギなどの野鳥が観察でき、春には桜が見事、夏にはザリガニとりや昆虫採集の子供たちでにぎわう。西岸には日本庭園、遊戯広場などがある佐鳴湖公園がある。

細江、引佐　禅宗の名刹めぐり

宝林寺、龍潭寺、渭伊神社、方広寺

庭園や龍の彫刻、見逃せないお宝

引佐町周辺には3つの大きな禅寺がある。庭園で有名な龍潭寺、研修道場を構え幅広い人づくりの場としても人気の高い方広寺、普茶料理でも知られる宝林寺。いずれも由緒ある古刹で、文化財としても見落とすことのできないものがたくさんある。歩きながら、心豊かな気分になることうけあいだ。

宝林寺仏殿。黄檗宗はじめのころの中国風の様式を残す

コースタイム

天浜線金指駅
↓ 徒歩20分
宝林寺
↓ 徒歩40分
龍潭寺
↓ 徒歩15分
渭伊神社（天白磐座遺跡）
↓ 徒歩90分
方広寺
↓ バス20分
天浜線金指駅

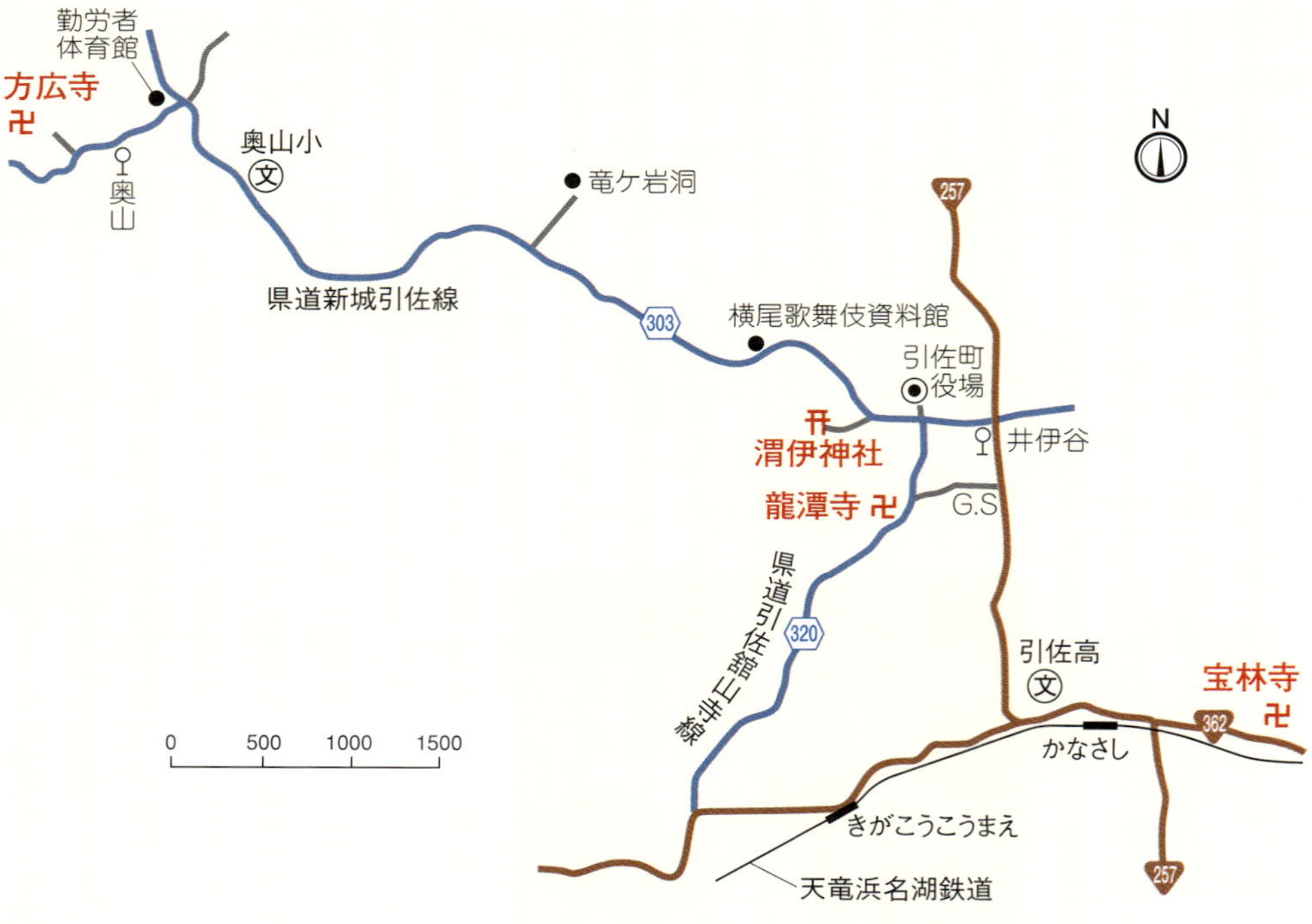

宝林寺山門は県指定文化財。見上げてみる

宝林寺方丈。修行僧が禅問答を繰り返した場

中国僧を招いて開創

【宝林寺《ほうりんじ》】（仏殿、方丈＝国重要文化財ほか）

天浜線金指駅から国道362号を東へ約1.5キロメートルの道沿いにある。

旗本近藤貞用が寛文4年（1664）に中国僧の独湛《どくたん》禅師を招いて開創した黄檗宗《おうばくしゅう》の寺で、仏殿（本堂）と方丈が国の重要文化財になっている。

国道側から石段を上がると山門（県文化財）、そして広い境内の前庭を介して正面に大きな仏殿がひかえる。入母屋造り杮《こけら》ぶき、内部は間仕切りのない一堂で、土間の床には敷瓦が敷き詰めてある。黄檗宗はじめのころの独特な中国風の様式を残す建物。背後には方丈。茅ぶきの建物で、昔は修行僧が禅問答を繰り返した場でもある。

寺の名物、普茶料理は中国風の精進料理で、四人分ずつ盛られてくるのが特徴。予約制で、味わうことができる。宝物館もぜひ見学したい。

■細江町中川65―2
☎053―542―1473

庭園は仏教的宇宙図

【龍潭寺《りょうたんじ》】（庭園＝国名勝ほか）

金指駅までは引き返す形をとる。駅西の引佐高校先の三叉路を国道257号に沿って北へ、坂の歓迎塔を過ぎて少し先のガソリンスタンド横を左に折れ田畑の中を一直線、突き当たりが井伊谷宮、隣が龍潭寺。

龍潭寺は天平5年（733）行基菩薩によって開創、室町時代禅宗の寺となった。臨済宗妙心寺派。幕末の大老井伊直弼《いいなおすけ》の先祖井伊家の菩提《ぼだい》寺《じ》で直弼もここに祀られている。

山門をくぐり、本堂に入ると鶯張《うぐいすば》りの廊下がある。突き当たりの天井部には左甚五郎の龍の彫刻が出迎える。順路に従って開山堂、井伊家霊屋をめぐって本堂裏の庭園（国名勝）に回る。小堀遠州作の仏教的宇宙図だ。縁側に座りしばらく築山の石に見入る。――静かに時間が過ぎ去っていく。伽藍6棟は県有形文化財。

■引佐町井伊谷1989
☎053―542―0480

龍潭寺山門

宇宙を表すような龍潭寺の庭

龍潭寺本堂

龍潭寺。天井部には左甚五郎の龍の彫刻

天白磐座遺跡。古墳～平安時代まで祭祀場としていた

渭伊神社

古墳～平安時代まで祭祀場

渭伊神社境内遺跡《いいじんじゃけいだいいせき》（天白磐座遺跡《てんぱくいわくらいせき》）（県史跡）

龍潭寺の隣は井伊谷宮。護良親王を祀る神社だが、ここの絵馬史料館には絵馬数千点を集め展示している。時間が許せば立ち寄りたい。

道を北に進むと突き当たりが引佐町役場。この手前信号を左折、少し行ったところに小さな鳥居と石碑が立つ。この奥 300メートルほどの所が渭伊神社。ここの森にはムササビが生息しているらしい。説明板がある。

遺跡は神社背後の小高い森の中。木立の一段高い位置に岩の崩壊したような跡がみられ、岩にしめ縄が張られている。

「磐座《いわくら》」とは神の依り座すところだと言われ、この山上の巨石群を神の依代《よりしろ》として、古墳時代前期から平安時代までここを祭祀場としていたことが発掘調査で明らかになった。

■引佐町井伊谷

朱の山門。ここを抜けると五百羅漢が迎えてくれる

大本堂中央の大扁額「深奥山」は山岡鉄舟の揮毫。

半僧坊真殿向拝の「上り龍下り龍」は必見

広大な敷地に多くの堂宇

【方広寺七尊菩薩堂《ほうこうじしちそんぼさつどう》】（国重要文化財）

県道303号を歩く。約6キロメートルとやや距離があるが、途中「竜ケ岩洞《りゅうがしどう》」近くを通り、三叉路信号で左、奥山方向に進むともうすぐ。

方広寺は黒門から始まる。少し行くと朱の山門だ。山門を抜けると五百羅漢が迎えてくれる。いろんな表情、姿をしていてまねしてみたくなるものもある。道が二手に別れる。左手から上がって右を下ってくるのが一般的。一山すべてが境内に思える広大さだ。

臨済宗方広寺派の大本山。井伊家の一族が後醍醐天皇の皇子無文元選禅師を開山として建徳2年（1371）開創した古刹。重厚な構えの大本堂はじめ隣接する開山堂、半僧坊真殿ほか多くの堂宇が建ち並ぶ。

見落としてしまいそうなのが国の重要文化財となっている「七尊菩薩堂」。三重塔へ行く道の橋のわきにあるお堂の中にある。応永8年（1401）建立で県内最古の木造建造物といわれ、柿《こけら》ぶき一間社流造りの鎮守堂。お堂の横に回るとよく観察できる。

■引佐町奥山1577−1
☎053−543−0003

七尊菩薩を合祀した小さな鎮守堂はこの建物の中

大あんまき

方広寺は奥山半僧坊の名でも親しまれているが、その焼き印の入ったあんまき。一つあれば家族4～5人分はありそう。味はあっさり。手作りでたくさんは作らないため、お早めに。

土産ならコレ!

野沢製菓
☎053−543−0066

Lunch
お昼に寄りたい

つみくさ

引佐町奥山1737−286
☎053−543−0321
㊢11時～17時　無休

引佐自然休養村の自然を生かし、地元の人たちによって摘まれた山野草を食べさせてくれる店。天ぷらや和え物、なべ物など。メニューは「つくし」1000円から3種類。

三ケ日 湖北の古社めぐり

浜名惣社神明宮、摩訶耶寺、大福寺

花と庭、重文の仏像を満喫

万葉集にも詠まれた浜名湖の北西端、猪鼻湖《いのはなこ》の湖面がきらめく。春告げるマンサクの花、続いて三ケ日桜と湖北の春は花で始まる。三ケ日人でも知られるように、この地方の歴史は大変古い。遺跡もあるが今回は名園を主体に寺社の文化財めぐりを紹介しよう。

浜名惣社神明宮本殿

浜名惣社神明宮境内

「板倉形式」という建築様式

【浜名惣社神明宮本殿《はまなそうじゃしんめいぐうほんでん》】（国重要文化財）

天浜線三ケ日駅から街中を縦断するように歩いて約1キロメートル、国道301号と合流する手前に鳥居が立つ。境内をまっすぐ進むと正面に古びた拝殿がある。背後の一段高い位置にさらに鳥居と小ぶりの本殿がある。この地の神社の総社といわれる浜名惣社神明宮だ。これが「板倉形式」と呼ばれる日本建築の中でも最も古い造りの神社建築で、国の重要文化財に指定されている。

■三ケ日町三ケ日122
☎053-524-0833

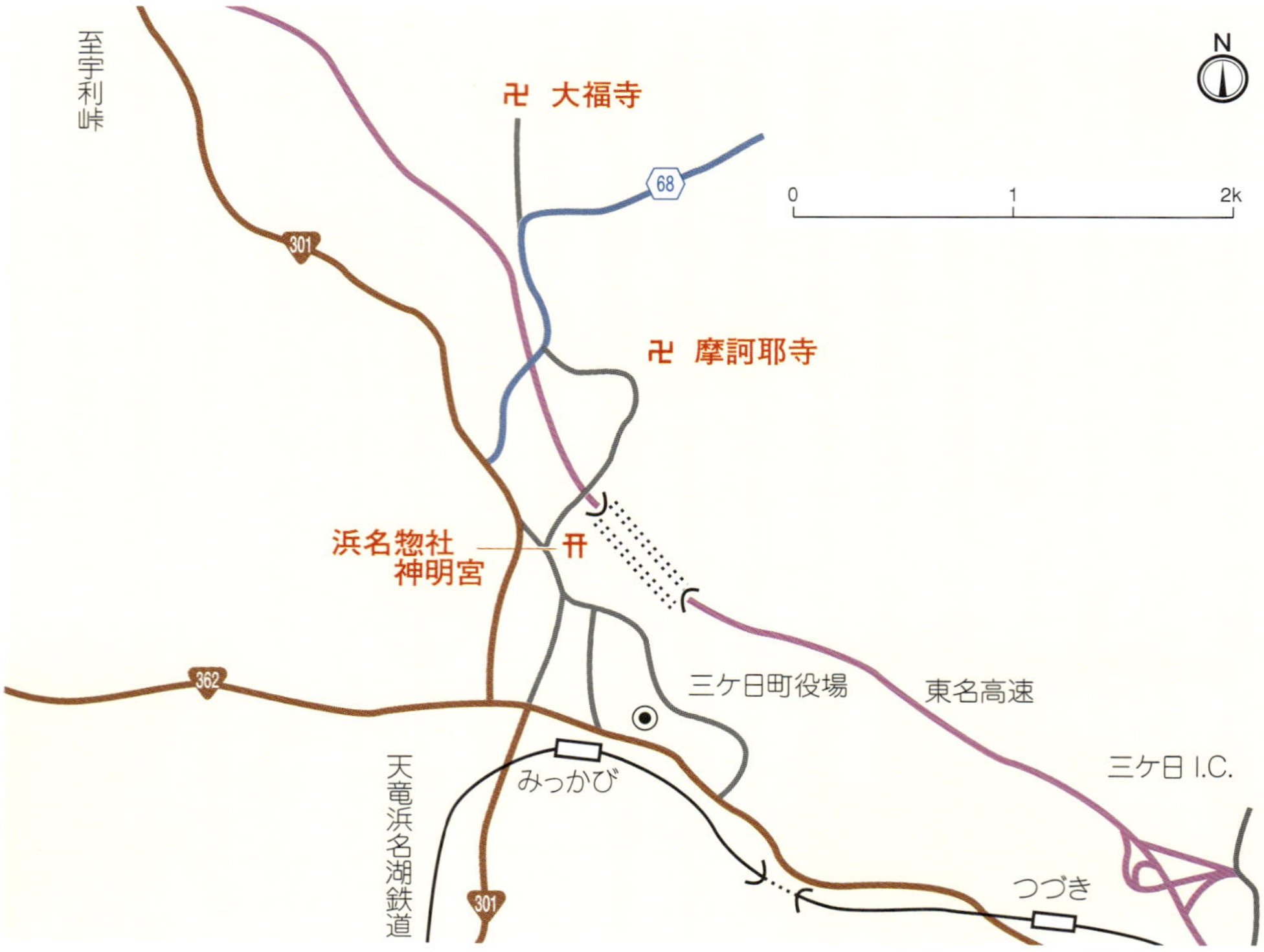

摩訶耶寺庭園

阿弥陀如来坐像（撮影・田畑みなお）

木造千手観音立像（撮影・田畑みなお）

ぽいんと

摩訶耶寺

「庭が目的で来られても、仏像の雰囲気がいいので『拝観して良かった』とおっしゃる方が多い。ご自分の興味を限定しないで、豊かな気持ちで見ていただけるとうれしいですね」

別世界が広がる庭園

【摩訶耶寺《まかやじ》】（木造千手観音立像＝国重要文化財ほか）

浜名惣社神明宮わきの道を東名ガード方向に進み、ガードを抜けると間もなく摩訶耶寺の駐車場。

まずは本堂横の宝物堂へ。ここには国指定重要文化財の木造千手観音立像、木造不動明王立像、県指定文化財の阿弥陀如来像が安置されている。千手観音は平安初期、他の2体は平安末期の作だが保存状態が良いためか木目も鮮やかで引き付けられる。

庭園は鎌倉時代初期に作庭されたといわれる。中世庭園は自然に囲まれた中に精神的な別世界を構築しようとするのが特色とか。そう言われて見れば、屏風のように背後の山林樹木、やさしいうねりの築山と絶妙な石組群、それを映す池面のトリックは〝精神的別世界〟と言えるのかもしれない。訪れた時は、スイレンがかれんな花をのぞかせていた。

摩訶耶寺本堂

■三ケ日町摩訶耶421
☎053-525-0027
＊拝観料　大人200円

コースタイム

◆

天浜線三ケ日駅
↓ 徒歩15分
浜名惣社神明宮
↓ 徒歩10分
摩訶耶寺
↓ 徒歩25分
大福寺
↓ 徒歩50分
天浜線三ケ日駅

大福寺庭園。裏山の斜面を利用し、前に池を配した回遊式庭園

四季ごとに違った表情

【大福寺《だいふくじ》庭園】（県名勝）

摩訶耶寺を出ると道標が立つ。岡本橋のたもとを曲がり、ほぼ一直線約25分の道程。朱の仁王門を過ぎて、ゆるやかな坂の参道に入る。両側にはほぼ等間隔に石仏が並ぶ。

本堂の手前左に朱の寺門と方丈がある。その奥が庭園だ。築山のサツキ、池のスイレンなど季節の花、秋の紅葉などと四季それぞれ違った表情を見せる。境内には秋から冬にかけて咲く「半歳桜《はんとしざくら》」がある。宝物館にも寄りたい。

■三ケ日町福長220—3
☎053—525—0278

大福寺本堂

土産ならコレ!

「大福寺納豆」

大福寺で作られる名物「浜納豆」は、糸を引かない塩辛い納豆。サンショウの効いた独特のおいしさで、やみつきになる人も。10月下旬ごろからの季節限定品。

大福寺
☎053-525-0278

Lunch お昼に寄りたい

ロアジス

三ケ日町大崎79—16
☎053—526—0755
㊔11時30分～14時／18時～20時30分（LO）㊡月曜日

浜名湖を見下ろす眺望にオープンキッチン、開放的な雰囲気に引かれてドライブ途中に寄る人が多い。週末には予約をいれた方が確実。一皿にサラダや肉、魚料理を盛った「バンケット」が1800円、「パスタランチ」1700円。単品パスタ1000円から。

細江 姫街道を歩く

気賀関所、姫街道歴史民俗資料館、長楽寺、姫街道

気賀関所

姫君や奥方の気分で湖を一望

満開の桜の花の下をきらびやかな姫様道中が行く…毎年春恒例の細江・都田川堤の風景。姫街道は東海道見付宿から浜名湖北岸を迂回し、気賀宿を経て本坂峠を越え御油宿（愛知県）で東海道と合流する約58キロメートルの道程。奥方や姫君の行列が利用したことからこの名がついた。往時をしのんで姫街道のハイライト部分を歩いてみることにしよう。

厳しい取り締まりの場

【気賀関所《きがせきしょ》】

天浜線気賀駅のすぐ西側、細江警察署前が気賀関所。平成2年、町制35周年を記念して江戸時代そのままに再現、開設した。気賀関所は慶長6年（1601）徳川家康によって創設されたといわれ、箱根、新居と並ぶ東海道三関所の一つで「入り鉄砲に出女」を厳しく取り締まった。

東側にいかめしい冠木門《かぶきもん》、入って右手に旅人を取り締まる本番所、向かい側には牢屋まである。

■細江町気賀4577
☎053-523-2855
＊入館料200円　9時～16時30分
㊡月曜日、祝日の翌日、年末年始

コースタイム

◆

天浜線気賀駅
↓ 徒歩5分
気賀関所
↓ 徒歩15分
姫街道歴史民俗資料館
↓ 徒歩20分
長楽寺
↓ 徒歩10分
姫街道・小引佐、石畳、姫岩
↓ 薬師堂から徒歩10分 （所要60分）
天浜線西気賀駅

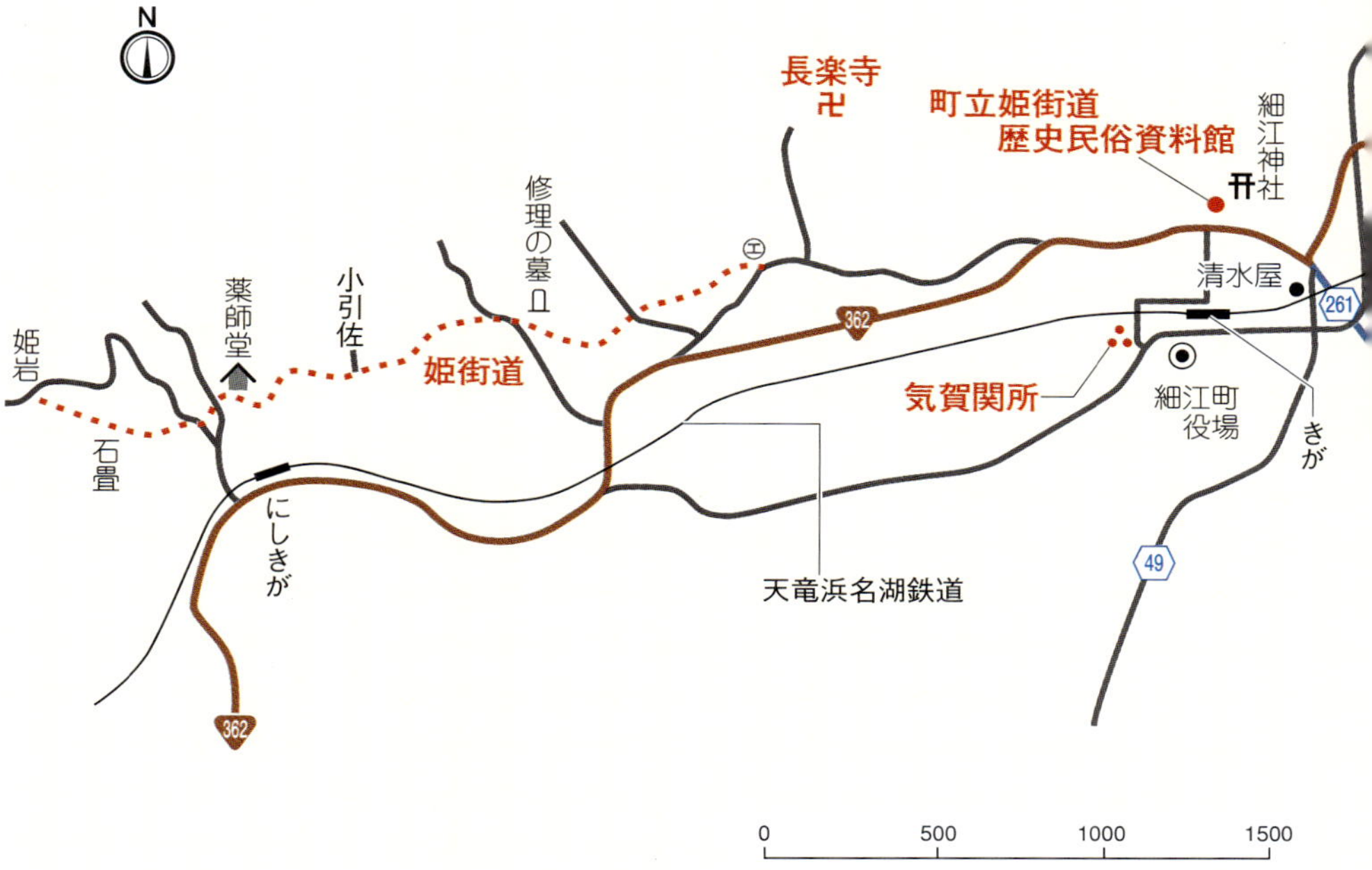

資料館内部。目を引くのが銅鐸。浜名湖周辺では約20個出土しているが、細江町のものが9個含まれる

旧山瀬家のコヤ（産屋）

この地方に残る産屋

【旧山瀬家《きゅうやませけ》のコヤ（産屋）】（県有形民俗文化財）

天浜線の踏切を渡り駅前から北に進み、国道362号に出た先が細江神社。この社務所左奥に入ると町立姫街道歴史民俗資料館だ。町立で、入り口わきに小さな小屋が建つ。この地方に残る産屋《うぶや》を移築したもの。

■姫街道歴史民俗資料館
細江町気賀1015−1 ☎053−523−1456
＊入館料150円
9時〜16時30分
㊡月曜日、祝日の翌日、年末年始

長楽寺山門

200株余のドウダンの庭

【長楽寺庭園《ちょうらくじていえん》】（県名勝）

資料館を出て国道362号を西へ、信号を2つほど過ぎて右に街道を進む。前方に大きな工場が見え橋に出る。川沿いに行くと寺の駐車場だ。石段を上がると古い土塀と山門がある。平安時代初期弘法大師の開基といわれる真言宗の寺、長楽寺だ。

受付を経て本堂を拝観し、庭に出る。小堀遠州作の回遊式の庭で、約2000平方メートルの斜面に200株余のドウダンが植え込まれているという。ここは庭を歩いて楽しめる。表側の鐘楼の梵鐘は高さ60センチと小ぶりだが、鎌倉時代の嘉元3年（1305）の銘が入っていて静岡県内最古だという（県文化財）。

■細江町気賀7953−1
☎053−522−0478

長楽寺「満天星の庭」

姫岩近くの石畳

栗原雅也さん
細江町教育委員会
社会教育課学芸員

ぽいんと

「姫街道は、磐田市見付から浜名湖北を通って三河に入り、御油の宿まで15里14町の道程。1里ごとに一里塚があり、千日堂から次の一里塚の間にある富士見茶屋跡からは、素晴らしい富士山が望めます。また、引佐峠と姫岩の間の石畳は当時のままです」

小引佐からの眺め

奥浜名湖を一望する

【姫街道《ひめかいどう》】

いよいよ旧姫街道を歩く。先ほどの橋に戻り、道標に従って約10分行くとT字路、右手が山筋の入り口。

5分ほど登った所が「修理殿の松」。松は枯れて今はなく、今川方の城将だった山村修理の墓が建つ。近くに一里塚、そして坂を下った所に道祖神が祀られている。

ミカン畑の坂道を上がると「小引佐」。奥浜名湖が一望でき、姫街道の中で最も眺めの良い所といわれる。手前国道と天浜線に沿った集落、湖を挟んで小さく東名高速の橋や舘山寺遊園地の観覧車が見える。

地蔵わきから石畳を下る集落に出ると薬師堂がある。ここまで約30分。川沿いに500メートルほど下ると天浜線西気賀駅に出るが、この先15分ほどの姫岩まで足を延ばしたい。

姫岩から引佐峠までは約30分の道のり。峠を三ケ日町側に下るとつづら折りの坂道となる。享保14年（1729）、長崎から江戸に向かった象が悲鳴をあげたという象鳴き坂はすぐだ。

薬師堂

姫岩

Lunch
お昼に寄りたい

清水家

細江町気賀238—2
☎053—522—0063
㈲11時～18時（土・日・祝日は売り切れ次第） ㈷水曜日（月1度不定休）

天浜線気賀駅近くのうなぎ蒲焼き専門店。備長炭で焼く蒲焼きは、炭火焼き独特の味と香りを持っている。秘伝のたれと焼き上げ技術に、ファンは多い。行く前に電話を入れておくと確実。

土産ならコレ!

「元祖みそまんじゅう」

三ケ日や引佐には、みそまんを作る菓子店が多い。福月堂のは黒糖入りの皮でこしあんを包んだ蒸しまんじゅう。もちもちした歯ごたえと、甘さ控えめのあんが人気。1個80円。

福月堂
細江町気賀108—1
☎053—522—0307

新居、湖西　海の関所と県境

新居関所、応賀寺、本興寺、大知波峠

江戸の交通史と貴重な寺宝に感動

宿駅制度ができて400年、東海道は箱根の山の関所に対して、新居は海の関所。現存する唯一の関所建物だけに興味を誘う。静岡県西端の湖西市には名刹本興寺があり、まるで寺全体が文化財の塊のようなところ。文化財ウォーキングのフィナーレはこの2点を結ぶコースとしよう。

新居関所全景

渡船場跡の復元作業続く

【新居関所《あらいせきしょ》】（国特別史跡）

JR新居町駅から国道沿いに西へ10分。関所は国道に面して残る。中央に冠木門《かぶきもん》、周りを黒い柵がめぐっている。史料館側から入る。

新居の関所は正式には今切関所といい、浜名湖今切口に近い所に慶長5年（1600）に設置されたが、地震や津波で移転を繰り返し、ここは3度目の場所。変遷の様子は史料館内のパネルで解説されている。

現存する関所建物は、安政元年（1854）の地震で大破後、翌安政2年（1855）に建て替えられたもので、明治以降小学校や役場としても使われてきたという。

いま隣地の駐車場の一角が掘り起こされて、渡船場跡の復元作業が続けられている。

■新居町新居1227—5
☎053-594-3615
＊見学料金（関所と史料館セット）高校生以上300円、小中学生100円　9時～16時30分　㊡月曜日

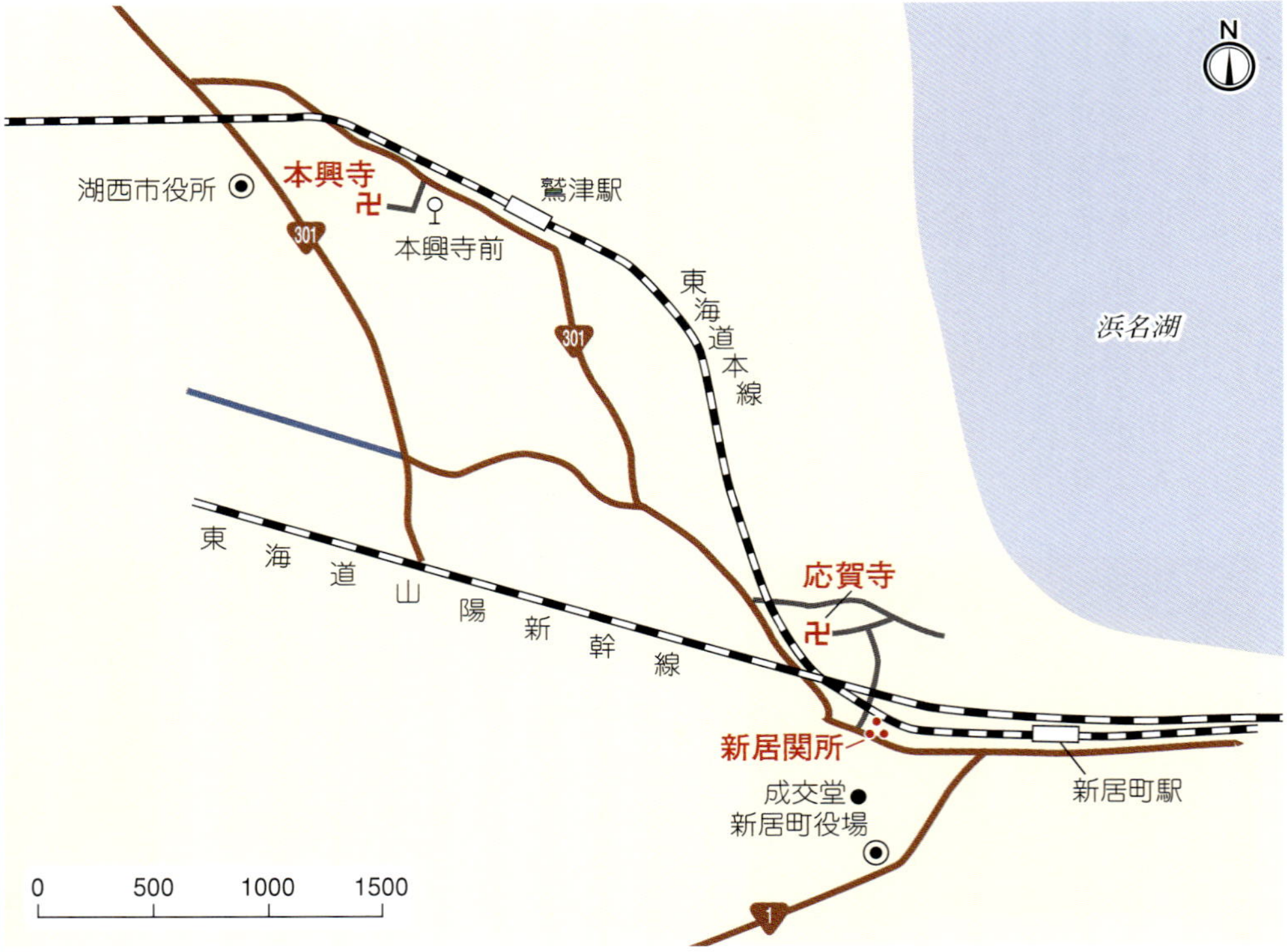

浜名湖

応賀寺薬師堂（本堂）

ここがポイント

大須義雄さん

新居関所館長・新居町教育長

「全国で唯一残っている江戸時代の関所の建物です。それだけでなく、近世の交通史が楽しく学べるのが、ここの特色。史料館1階は関所、2階は旅と宿場をテーマにしています」

面番所には当時の役人の様子がリアルに再現されている

素晴らしい仏像

【応賀寺《おうがじ》】（薬師堂、仏像＝県有形文化財）

関所を出て右に曲がり、ＪＲ東海道線と新幹線のガードをくぐると少し先に案内板がある。斜め左に進むと左手に応賀寺山門が見える。

応賀寺は弘法大師ゆかりの真言宗の古刹。山門を入ると右手奥に薬師堂（本堂）、手前左に宝物館がある。以前ここに来たことのある人は薬師堂を見ておや？と思うに違いない。二層だった屋根の形が違う。平成元年から４年にかけて大規模な修理が行われ、寛永19年（１６４２）の再建当時の姿に復元された。

宝物館には木造阿弥陀如来坐像（平安後期作）はじめ木造毘沙門天立像（鎌倉期作）などの仏像、軸物、工芸品などが収蔵されていて一見の価値ありだ。

これから湖西市内の本興寺へと向かう。山門をまっすぐ進み、広い道に出て左にとりＪＲ鉄道下をくぐり国道３０１号に出たらＪＲ鷲津駅を目指そう。約４キロメートル、焦らず歩を運ぼう。

■新居町中之郷６８—１
☎０５３—５９４—０１９６

応賀寺毘沙門天立像（撮影・田畑みなお）

土産ならコレ！

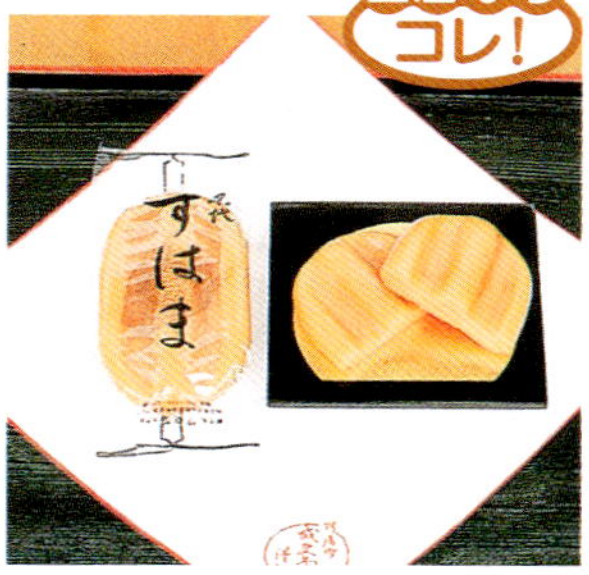

すはま

桃の節句が近づくと町の菓子店に並ぶ新居名物。明治以前から、家庭でひしもちの代わりとして供えられたもの。季節限定の店が多いが、成交堂では年中扱っている。（事前に電話をしておくと確実）

成交堂
新居町新居１５８０—１
☎０５３—５９４—０３３５

コースタイム

◆ＪＲ新居町駅
徒歩10分
新居関所
徒歩10分
応賀寺
徒歩60分
本興寺
徒歩10分
ＪＲ鷲津駅

480年近く戦乱と風雪に耐えてきた本興寺本堂

文晁晩年の作品が多数残る

【本興寺《ほんこうじ》】（本堂＝重要文化財）

JR鷲津駅から、さらに国道沿いに数百メートル行くと本興寺の広い駐車場がある。この一角に黒い門がある。惣門と呼ばれ三州吉田城の城門を移築したもの。ここから真っすぐ参道が本堂まで続く。春は桜やツツジが参道を彩る。寺域は2万6000坪余というから驚きだ。法華宗の寺。

本堂は天文21年（1522）修復されたものといわれ、480年近く戦乱と風雪に耐えてきた。大きな屋根を軒下の組物が見事に支えている。近くには千体仏を安置する千仏堂、壮大な茅ぶきの客殿なども建つ。

外を見終わったら奥書院と庭園を観賞しよう。別名文晁寺《ぶんちょうでら》と言われるとおり、ここには「四季山水図」壁画をはじめ襖絵などに谷文晁晩年の作品が多数残る。

書院からの庭の眺めが絶品だ。小堀遠州作の庭園は楕円形の大きな池をかかえ、背景の林を借景にして石や木を巧みに配した枯山水蓬莱式池泉観賞式庭園というそうだ。

■湖西市鷲津384
☎053-576-0054

奥書院から見た庭園

Lunch お昼に寄りたい

キャトルセゾン

湖西市横山3177−93
☎053-578-1000
㊔12時〜14時／18時〜20時30分

浜名湖が一望できる小高い丘に建ち、こだわりの料理を提供するオーベルジュ。新鮮な素材、地場産の食材を使って丁寧に作り上げるメニューは、シェフの熱い思いが織り込まれている。「シェフおすすめのランチコース」3000円から。

大知波峠

大知波峠廃寺跡

道筋に立つ一本杉

足を延ばして

【大《お》知《お》波《ち》峠《ば》廃寺跡】（国史跡）

湖西市の西、県境に連なる峰を湖西連峰と呼ぶ。眺望の良さが受けてハイカーの人気が高い。この尾根すじの大知波峠に廃寺跡がある。

最短で訪れるには天浜線知波田駅から一本杉経由で片道約2時間。昔、土地の人が豊川稲荷詣でに越えた「豊川道」をたどることになる。

天浜線知波田駅から北へ少し行くと三叉路。県道を西へ多米峠方向に約1キロメートルほど進むと今川の橋に出る。

橋の右たもとに「豊川道」「大知波峠」の道標が立つ。右折して広域農道をさらに1キロメートル。左道端にまた道標。一本杉はもうひと頑張り。その名のとおり道筋に大きな杉の木。根元に豊川道と廃寺跡についての説明がされている。

一本杉を過ぎていよいよ登りだ。前半の杉木立の中がきついが、林道を横切ると比較的ゆるやかになり、ツバキの群生地を抜けると視界が開け峠にたどり着く。

廃寺跡は平安時代中ごろ（約1000年前）から150年ほど栄えた山寺跡で、平安時代の山岳信仰を知ることのできる貴重な史跡である。発掘調査で多くの礎石や池跡などが発見されているが古文書や言い伝えがなく謎が多いそうだ。ここからは浜名湖と湖西市街が一望できる。峠を越える涼風が心地よい。

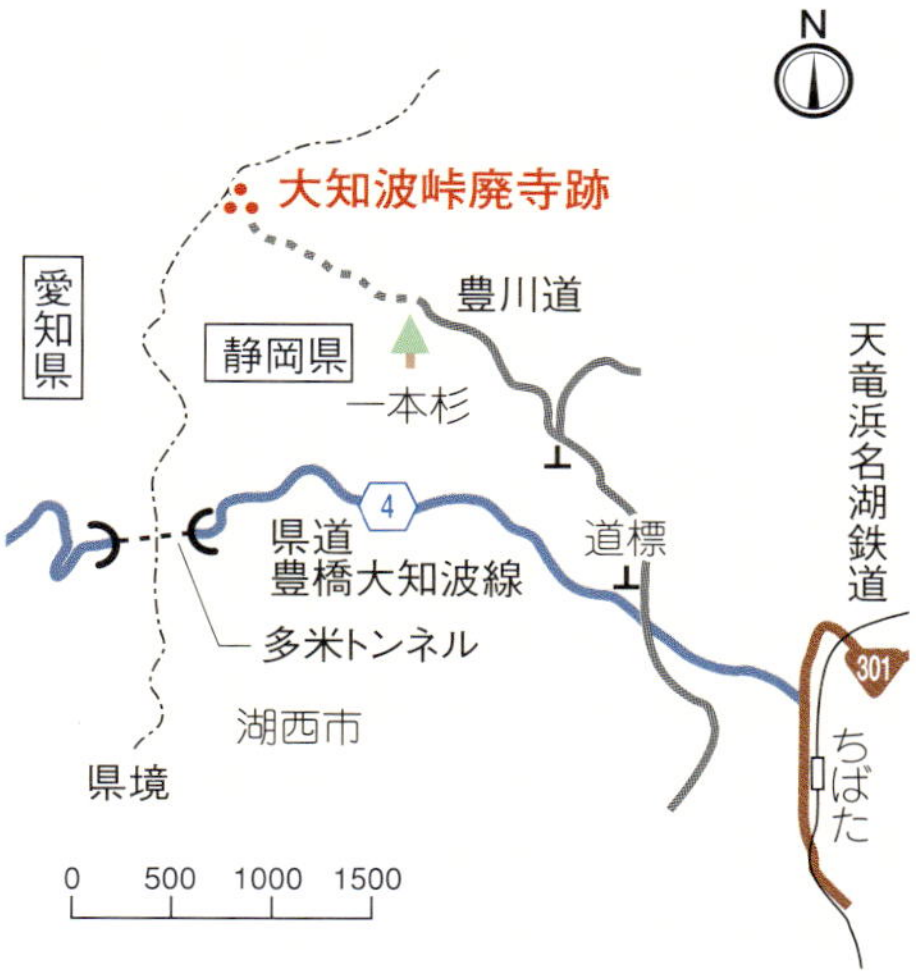

資料編

静岡県内の県および国指定無形民俗文化財一覧

分類	指定	名称	保存会名称	公開時期
神楽	県	沼田の湯立神楽	沼田湯立神楽保存会（御殿場市）	4月
神楽	県	大鍋子守神社の神楽	大鍋子守神社神楽保存会（河津町）	10月（隔年）
神楽	県	清沢の神楽	清沢神楽保存会（静岡市）	10月
神楽	県	高根白山神社古代神楽	高根白山神社古代神楽保存会（藤枝市）	10月
神楽	県	徳山神社	徳山古典芸能保存会（中川根町）	10月
神楽	県	梅津神楽	梅津神楽保存会（本川根町）	1月
神楽	県	田代神楽	田代神楽保存会（本川根町）	9月
神楽	県	川合花の舞	川合花の舞保存会（佐久間町）	10月
獅子舞	県	焼津神社獅子木遣り	焼津神社獅子木遣り保存会（焼津市）	8月
獅子舞	県	獅子舞かんからまち	獅子舞かんからまち保存会（掛川市）	10月（3年に1度）
鹿島踊	県	来宮神社鹿島踊	来宮神社鹿島踊保存会（熱海市）	7月
鹿島踊	県	島田鹿島踊	島田鹿島踊保存会（島田市）	10月
田楽・田遊	県	三嶋大社のお田打	三嶋大社田祭保存会（三島市）	1月
田楽・田遊	国	藤守の田遊び	藤守の田遊び保存会（大井川町）	3月
田楽・田遊	県	蛭ケ谷の田遊び	蛭ケ谷の田遊び保存会（相良町）	2月
田楽・田遊	県	日向の七草祭	日向町内会（静岡市）	2月
田楽・田遊	県	滝沢八坂神社の田遊び	滝沢八坂神社田遊び保存会（藤枝市）	2月
田楽・田遊	国	寺野三日堂祭礼ひよんどり	寺野伝承保存会（引佐町）	1月
田楽・田遊	国	川名のひよんどり	川名ひよんどり保存会（引佐町）	1月
田楽・田遊	国	懐山のおくない	懐山のおくない保存会（天竜市）	1月
田楽・田遊	国	西浦の田楽	西浦田楽保存会（水窪町）	2月
田楽・田遊	県	法多山の田遊祭	法多山の田遊び保存会（袋井市）	1月
田楽・田遊	県	小國神社の田遊び	小國神社田遊び神事保存会（森町）	1月
田楽・田遊	県	三熊野神社の地固め舞と田遊び	三熊野神社の地固め舞と田遊び保存会（大須賀町）	4月
舞楽	県	静岡浅間神社廿日会祭の稚児舞	静岡浅間神社（静岡市）	4月
舞楽	県	猿舞	猿舞保存会（島田市）	4月
舞楽	国	天宮神社十二段舞楽	天宮神社十二段舞楽保存会（森町）	4月
舞楽	国	山名神社天王祭舞楽	山名神社天王祭舞楽保存会（森町）	4月
舞楽	国	小國神社の舞楽	小國神社古式舞楽保存会（森町）	4月
盆踊	県	妻良のぼんおどり	妻良芸能保存会（南伊豆町）	8月
盆踊	国	有東木の盆踊	有東木芸能保存会（静岡市）	8月
盆踊	県	平野の盆踊	平野文化財保存会（静岡市）	8月
盆踊	国	徳山の盆踊	徳山古典芸能保存会（中川根町）	8月
念仏踊	県	呉松の大念仏	呉松の大念仏保存会（浜松市）	8月
念仏踊	県	滝沢の放歌踊	滝沢の放歌踊り保存会（浜松市）	8月
念仏踊	県	西浦の念仏踊	西浦の念仏踊保存会（水窪町）	8月
祭囃子	県	三嶋囃子	三嶋囃子技術保存会（三島市）	8月
祭囃子	県	富士宮囃子	富士宮囃子保存会（富士宮市）	11月
祭囃子	県	三社祭礼囃子	三社祭礼囃子保存会（大須賀町）	4月
祭囃子	県	大東町八坂神社の祇園囃子と祭礼行事	大東町八坂神社祭典保存会（大東町）	10月
祭囃子	県	掛塚屋台囃子	掛塚屋台囃子保存会（竜洋町）	10月
船祭	県	戸田の漁師踊・漁師唄	戸田村漁師踊・漁師唄保存会（戸田村）	4月
船祭	国	大江八幡神社の御船行事	大江氏子会（相良町）	8月
船祭	県	飯津佐和乃神社の御船行事	御船神事保存会（相良町）	9月
人形芝居	県	人形三番叟	人形三番叟保存会（賀茂村）	11月
人形芝居	県	仁科の人形三番叟	西伊豆町浜連合区（共導社）（西伊豆町）	11月
歌舞伎	県	横尾歌舞伎	横尾歌舞伎保存会（引佐町）	10月
神事	県	一幡神社の御榊神事	御榊神事保存会（相良町）	2月
神事	県	桜ケ池のお櫃納め	桜ケ池お櫃納め保存会（浜岡町）	9月
裸祭	県	新井の大祭り諸行事	新井の大祭り保存会（伊東市）	1月（隔年）
裸祭	国	見付天神裸祭	見付天神裸祭保存会（磐田市）	9月
大名行列	県	島田帯祭の大名行列	島田帯祭保存会（島田市）	10月（3年に1度）
その他	県	江浦の水祝儀	江浦の水祝儀保存会（沼津市）	1月
その他	県	小稲の虎舞	小稲来宮会（南伊豆町）	9月
その他	県	由比のお太鼓祭	豊積神社お太鼓まつり保存会（由比町）	1月

文化財の見方

文化財を見て歩くとき、その名称や意味を知っていると断然、おもしろくなる。まずは、基本的な建造物の各名称と、仏像の種類だけでも覚えておこう。

建造物 WATCHING

屋根の形式

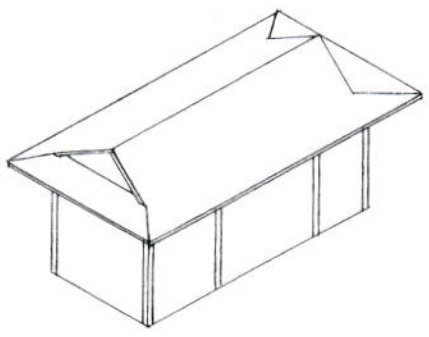

入母屋造《いりもやづくり》

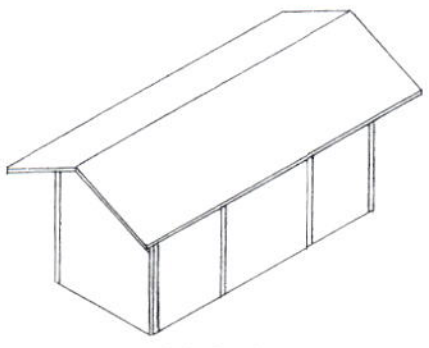

切妻造《きりづまづくり》

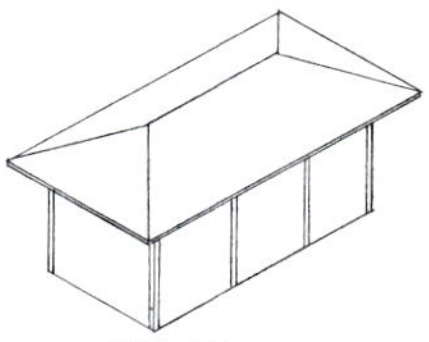

寄棟造《よせむねづくり》

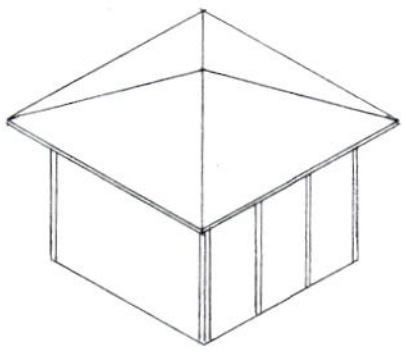

宝形造《ほうぎょうづくり》

神社建築

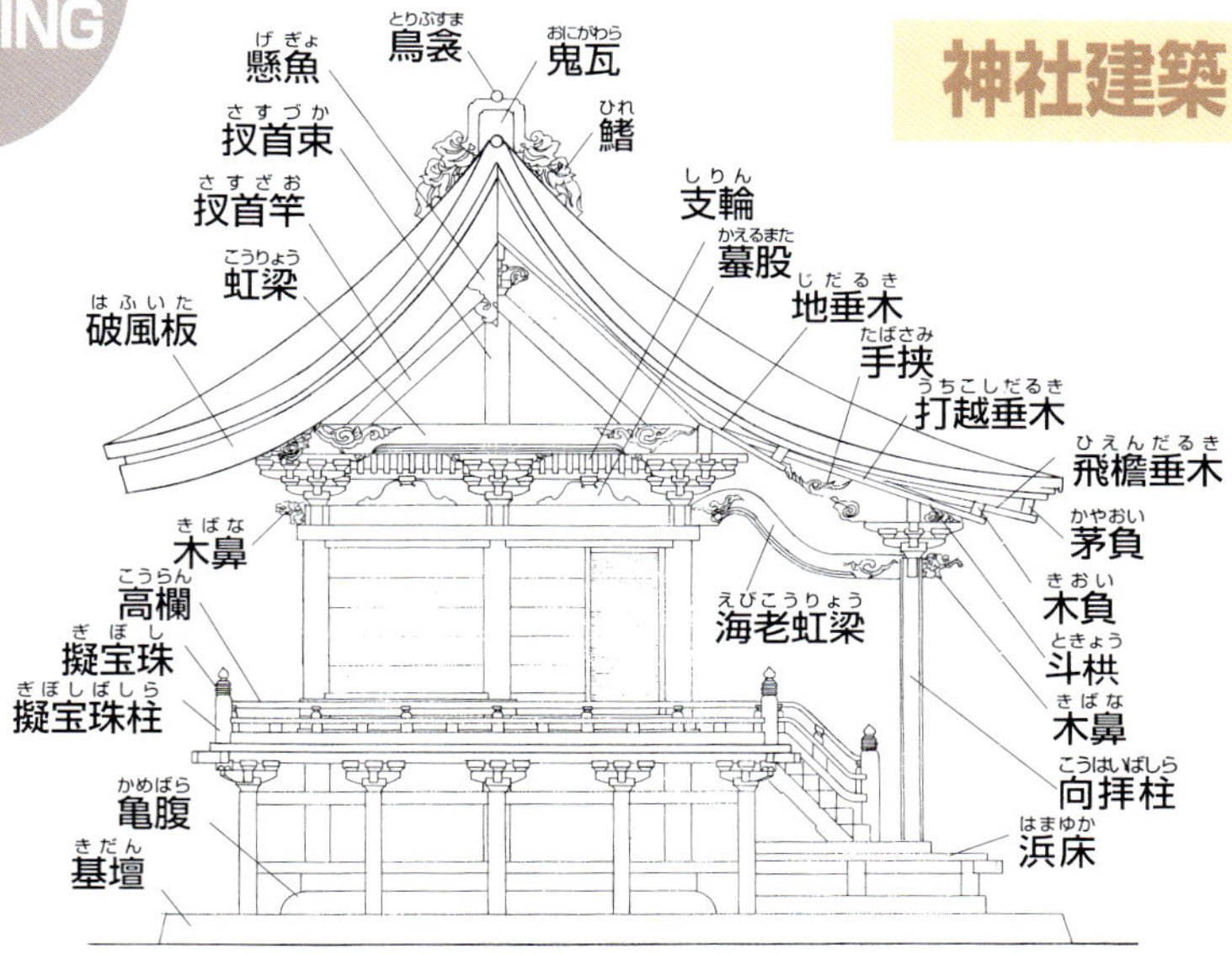

流造《ながれづくり》

寺院建築

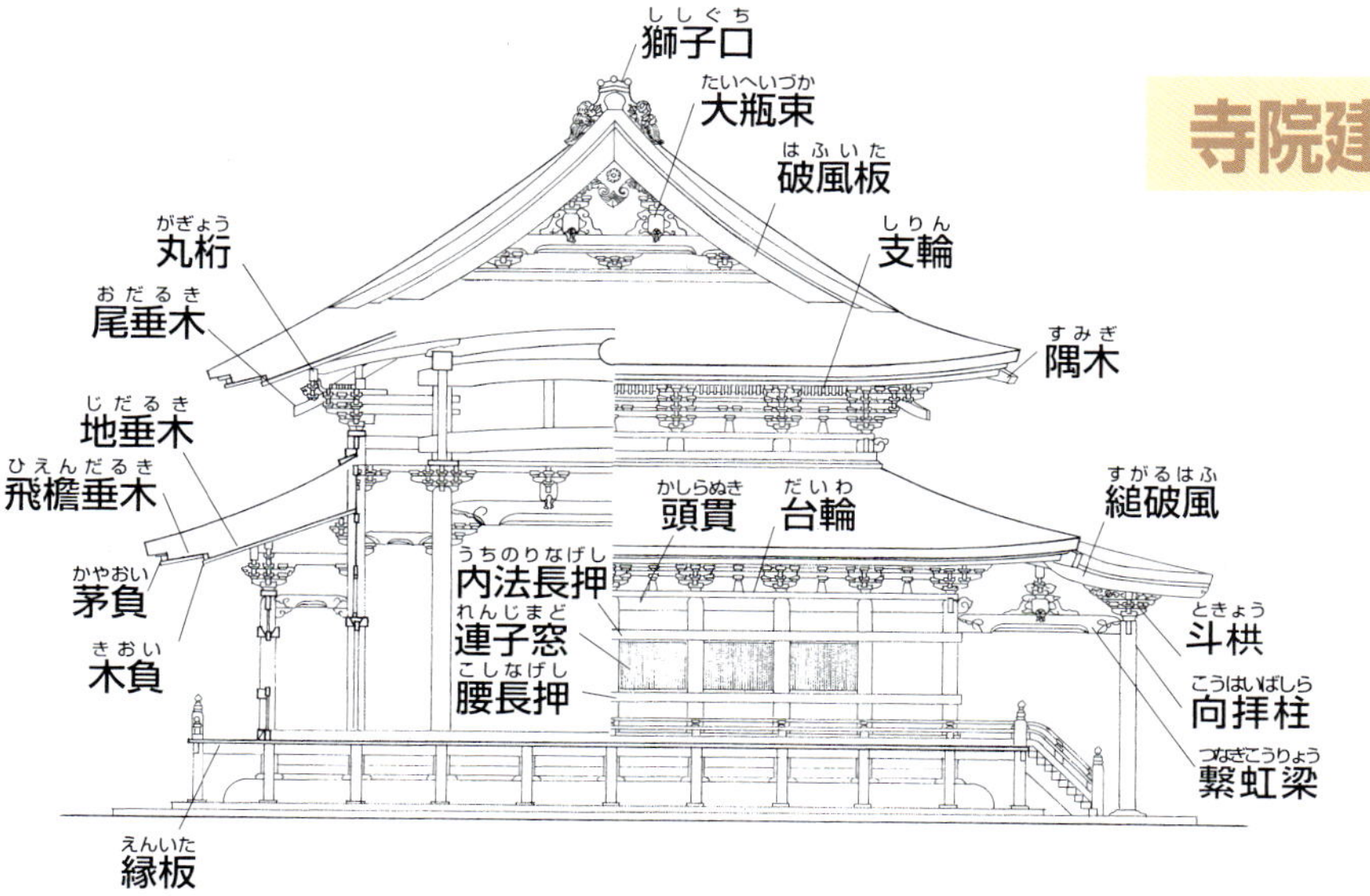

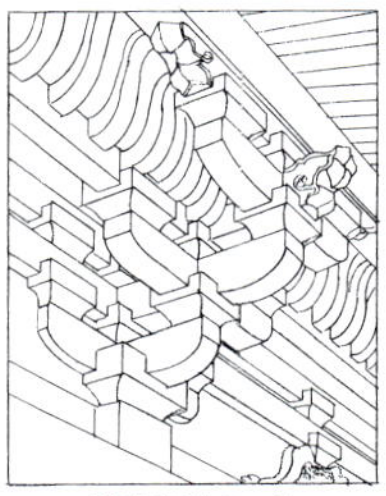

二手先斗栱《ふたてさきときょう》

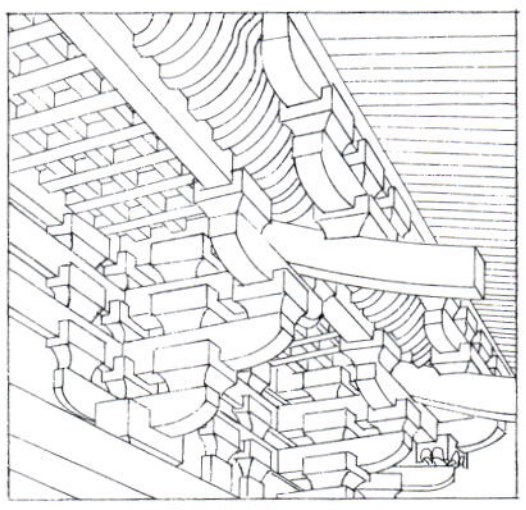

三手先斗栱《みてさきときょう》

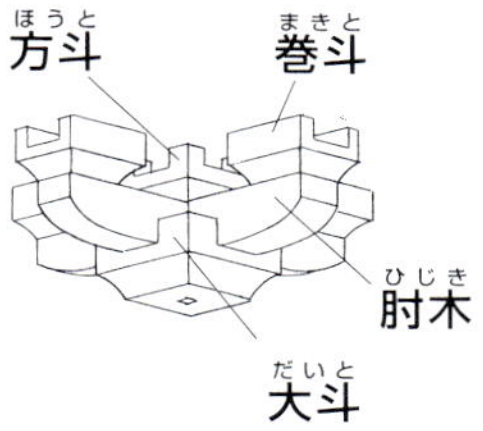

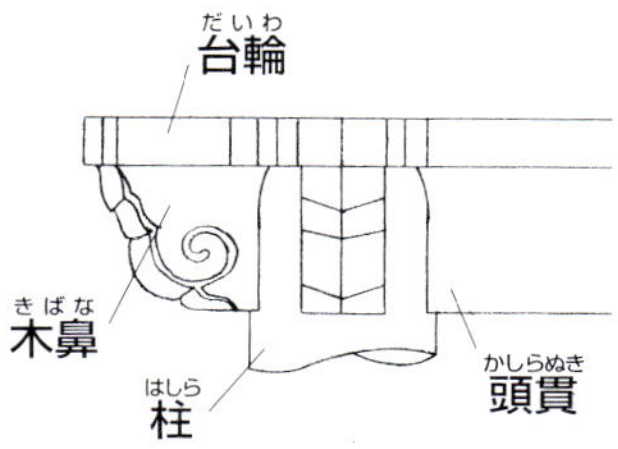

木鼻《きばな》
(獅子鼻《ししばな》)

破風の各部名称

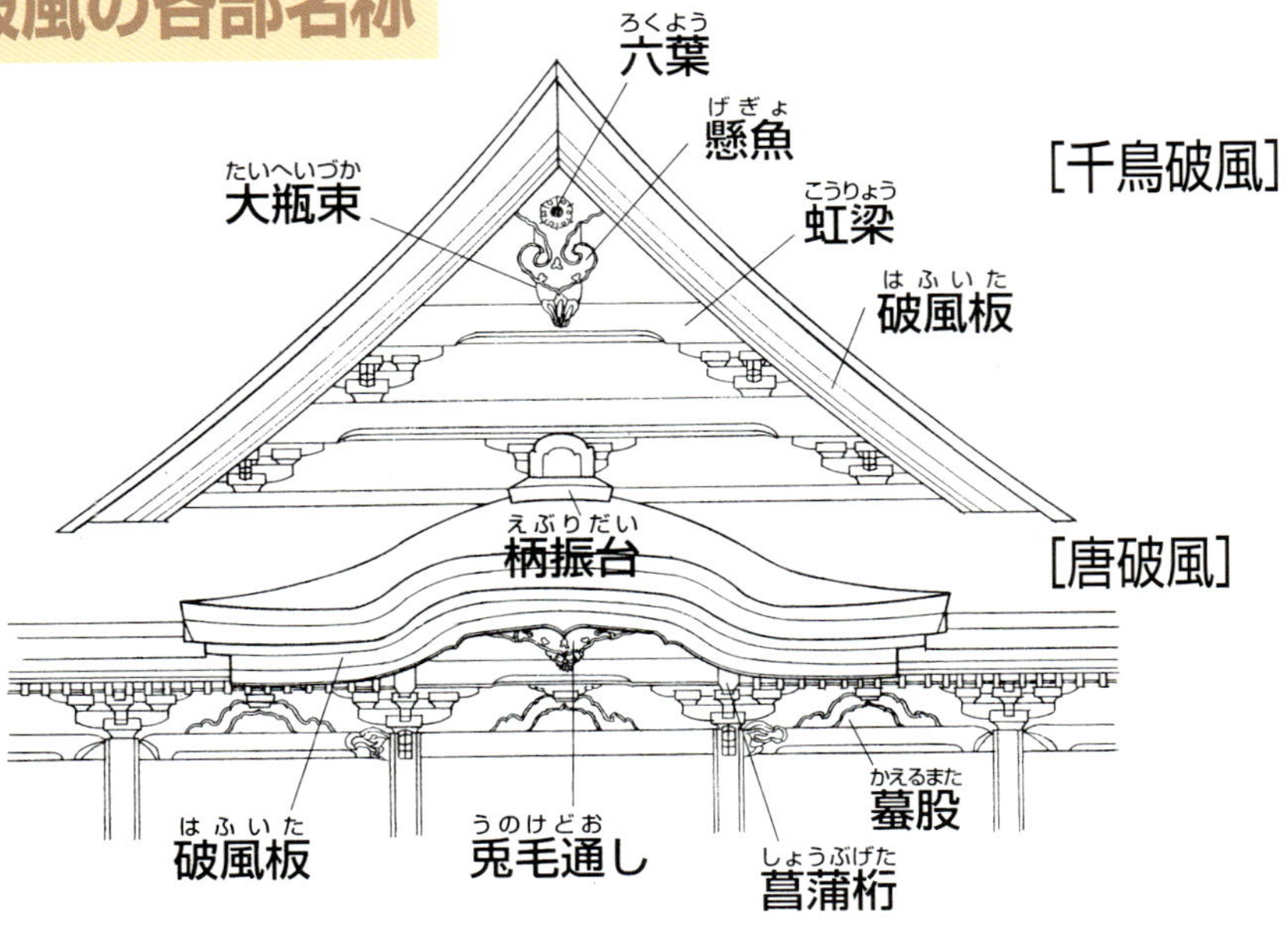

懸魚・蟇股

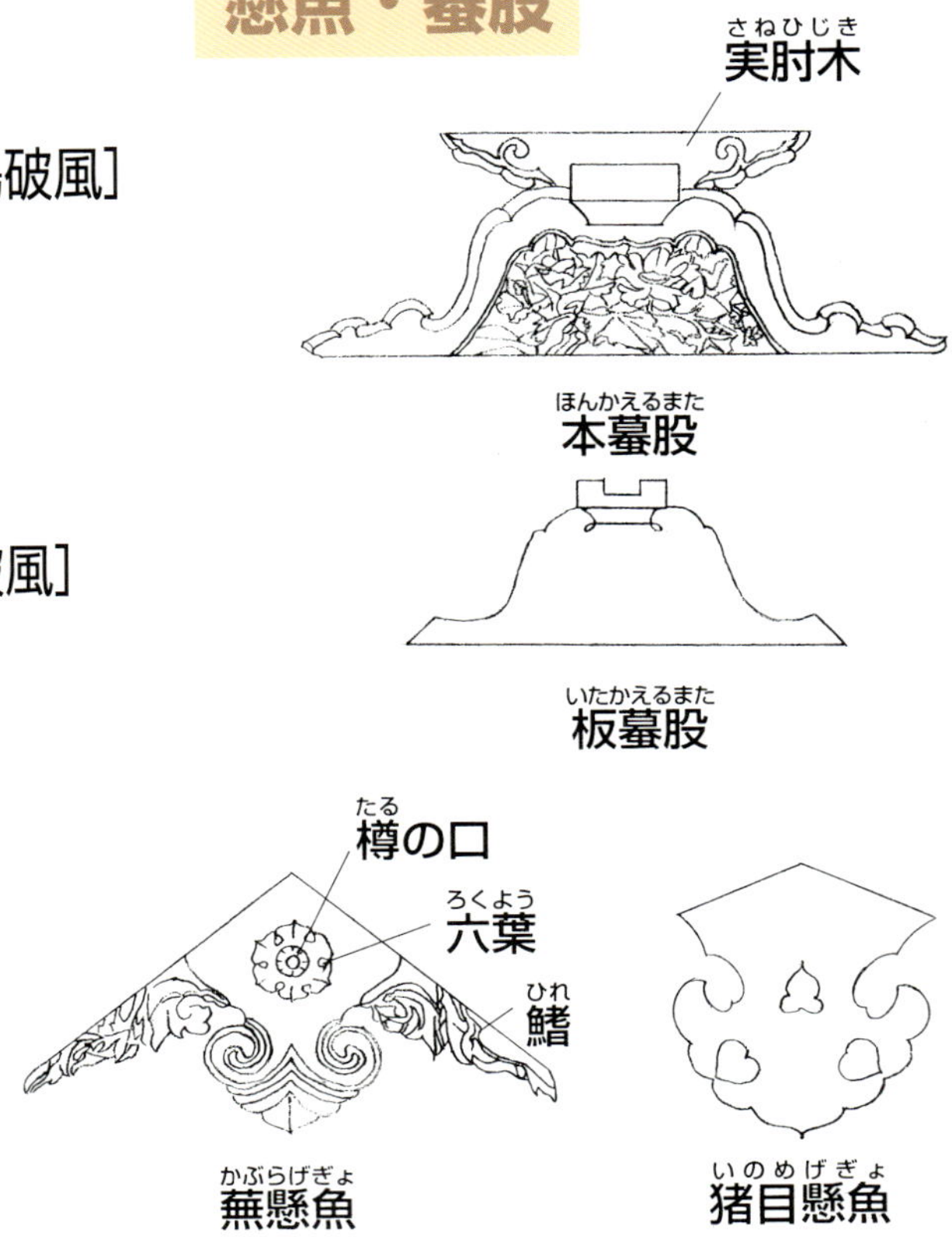

面の種類

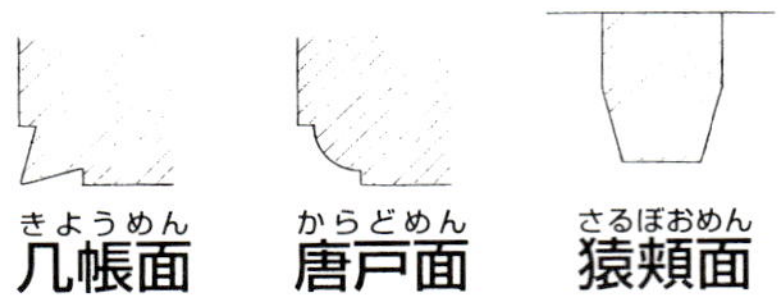

仏像 WATCHING

仏像の種類と性格

【釈迦如来】仏教を開いた実在の人物、釈迦を像にしたもの。

【薬師如来】薬壺に象徴される先端技術で、四苦（生・老・病・死）のうちの病から衆生を救い、煩悩も断ち切ってくれる。

【阿弥陀如来】衆生を西方の極楽浄土へと救ってくれる。密教の常行堂に祀られているものは宝冠をいただいている。

【大日如来】密教の最高位で、宇宙の根本仏。さまざまな装飾品を身につけている。

【六観音】「法華経」によると33に変化して衆生を救うとされる観音。聖観音が観音の基本形で、勢至菩薩とともに阿弥陀三尊を構成。

【勢至菩薩】阿弥陀三尊の向かって左側の脇侍。

【文殊菩薩】智慧と戒律を司る菩薩。学業成就の信仰と結びつく。

【普賢菩薩】賢さを表す菩薩。文殊とともに釈迦三尊の向かって右脇侍となる。

【虚空蔵菩薩】弘法大師が求聞持法で祈って以来、記憶力増進と結びつく。

【弥勒菩薩】釈迦の死後、56億7000万年後に如来となって衆生を救う。

【日光菩薩】薬師三尊の向かって右側の脇侍として存在することが多い。

【月光菩薩】薬師三尊の向かって左側の脇侍として存在することが多い。

【地蔵菩薩】釈迦が亡くなって弥勒が現れるまでの衆生を救う菩薩。六道（地獄・餓鬼・畜生・阿修羅・人間・天上）を巡って衆生を救うことから六地蔵の形でつくられることも多い。

【五明王】大日如来が衆生を救うために怒りの姿に変化して厳しく導くのが五明王（不動・降三世・軍荼利・大威徳・金剛夜叉）。

【愛染明王】愛欲の煩悩を解脱に導く。縁結びを願う人も多い。

【孔雀明王】毒蛇を食べる孔雀を神格化したもの。明王だが例外的な表情をしている。

仏像の形

如来

釈迦如来

薬師如来

阿弥陀如来

宝冠阿弥陀如来

大日如来

菩薩

聖観音

十一面観音

千手観音

不空羂索観音

如意輪観音

准胝観音

馬頭観音

勢至菩薩

文殊菩薩

普賢菩薩

虚空蔵菩薩

弥勒菩薩

日光菩薩

月光菩薩

地蔵菩薩

明王

不動明王

降三世明王

軍荼利明王

大威徳明王

金剛夜叉明王

愛染明王

孔雀明王

仏像の頭部

【如来】

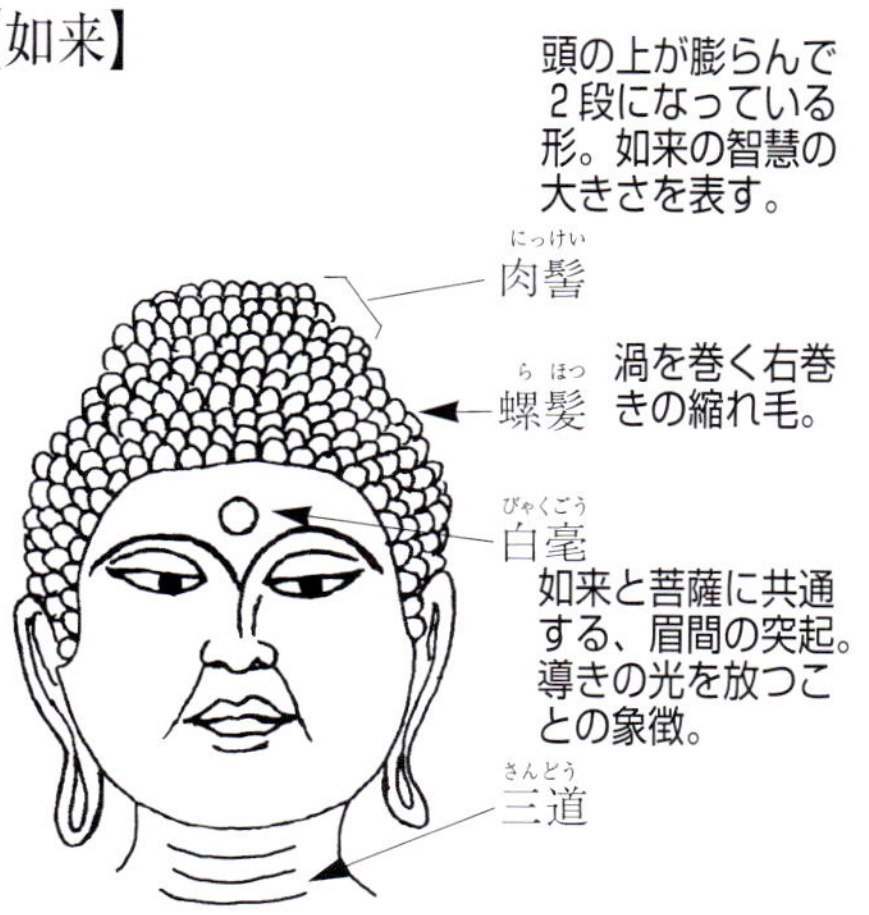

【菩薩】
（宝冠阿弥陀如来と大日如来も含む）

聖観音・十一面観音・千手観音・不空羂索観音・如意輪観音は頭に化仏がついている。

【地蔵菩薩】

【明王】

仏像の特徴

【釈迦如来】

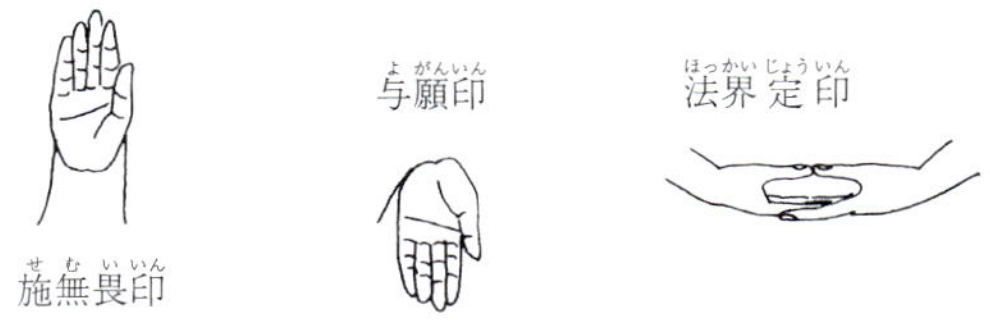

【薬師如来】

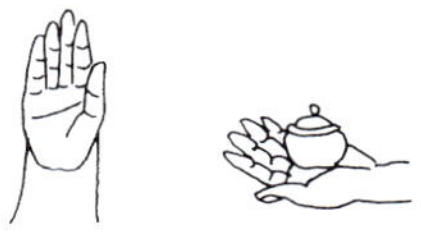

【阿弥陀如来】

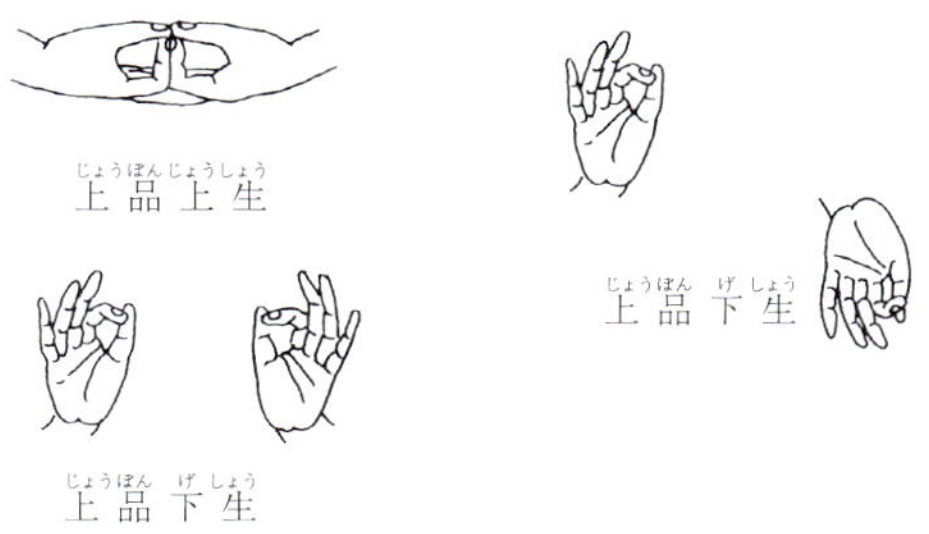

【大日如来】

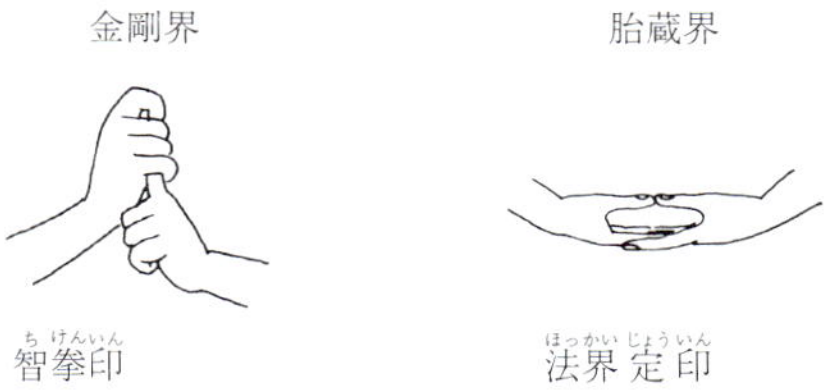

【聖観音】左手に蓮華

【十一面観音】11面ある。左手に蓮華。

【千手観音】11面ある。手が42本。

【不空羂索観音】目が3つ、手が8本。

【如意輪観音】手が6本。

【准胝観音】化仏なし、目が3つ、手が18本。

【馬頭観音】怒った表情。頭に馬頭がつく。

【勢至菩薩】宝冠に水瓶がつく。

【文殊菩薩】右手に剣、左手に経典。獅子に乗る。

【普賢菩薩】合掌。象に乗る。

【虚空蔵菩薩】右手に剣、左手に宝珠。

【弥勒菩薩】右手をほおに近づけ思惟する。

【日光菩薩】宝冠または手に日輪。

【月光菩薩】宝冠または手に月輪。

【地蔵菩薩】右手に錫杖、左手に宝珠。

【不動明王】右手に剣、左手に羂索。

【降三世明王】目・顔が3つ、手が8本、大自在天を踏む。

【軍荼利明王】目が3つ、手が8本、ヘビを持つ。

【大威徳明王】目・顔が3つ、手・足が6本、水牛に乗る。

【金剛夜叉明王】目が5つ、顔が3つ、手が6本。

【愛染明王】目が3つ。

【孔雀明王】菩薩のような顔、孔雀に乗る。

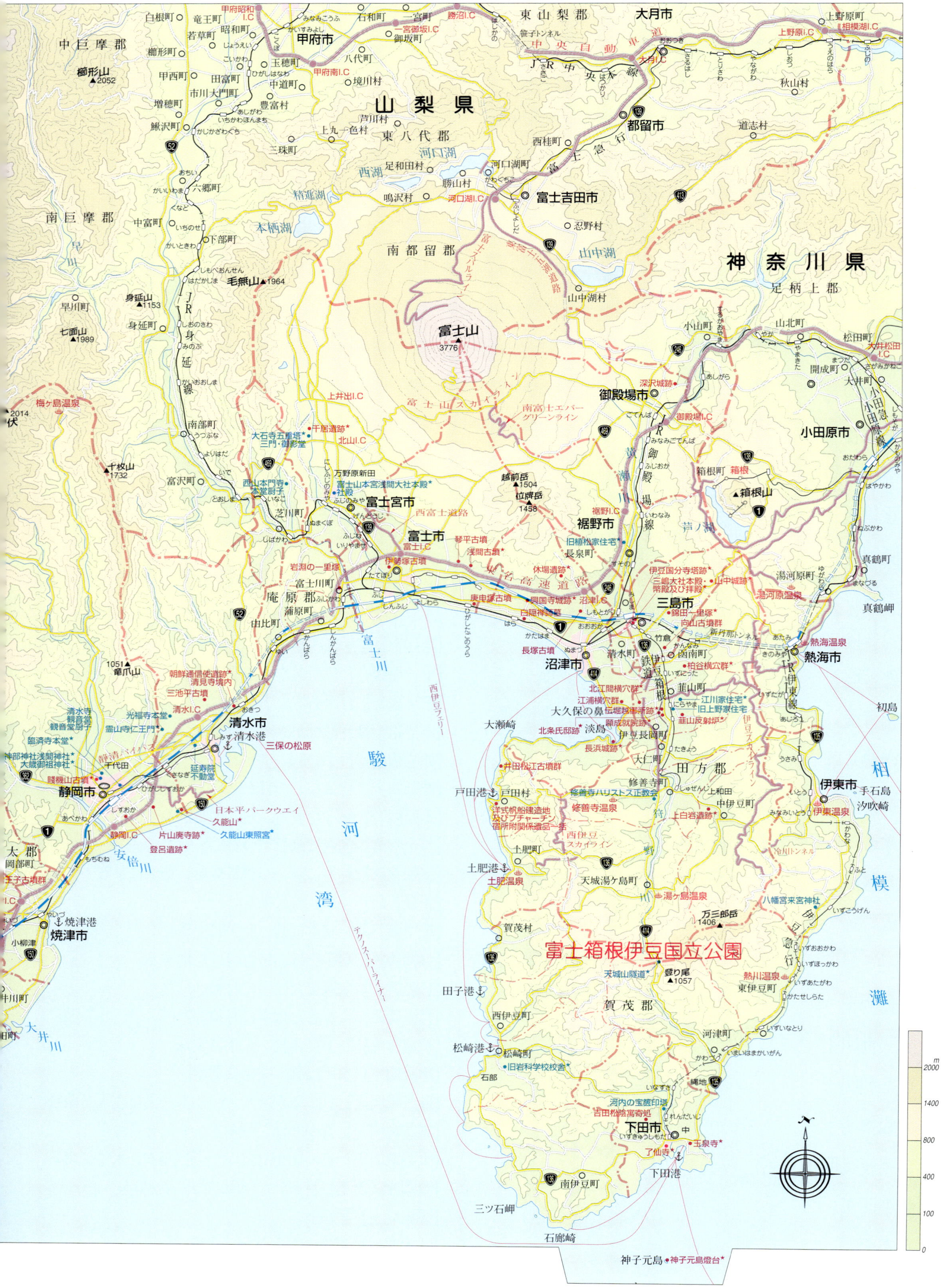

甲府昭和I.C
石和町
一宮町
勝沼I.C
東山梨郡
大月市
上野原町
相模湖I.C
白根町
竜王町
昭和町
甲府市
一宮御坂I.C
御坂町
中央自動車道
上野原I.C
中巨摩郡
若草町
櫛形町
玉穂町
八代町
大月I.C
櫛形山
2052
甲西町
田富町
甲府南I.C
境川村
J R 中央本線
秋山村
市川大門町
中道町
増穂町
豊富村
山梨県
芦川村
鰍沢町
都留市
上九一色村
東八代郡
道志村
三珠町
西桂町
河口湖
西湖
足和田村
河口湖町
六郷町
勝山村
富士吉田市
精進湖
鳴沢村
河口湖I.C
南巨摩郡
中富町
本栖湖
忍野村
下部町
南都留郡
山中湖
神奈川県
毛無山
1964
身延山
1153
足柄上郡
早川町
山中湖村
身延町
富士山
3776
七面山
1989
小山町
山北町
松田町
大井松田I.C
開成町
梅ヶ島温泉
2014
上井出I.C
御殿場市
深沢城跡
大井町
南富士エバーグリーンライン
富士山スカイライン
御殿場I.C
小田原市
南部町
千居遺跡
大石寺五重塔
三門・御影堂
北山I.C
十枚山
1732
万野原新田
箱根町
箱根
富沢町
西山本門寺本堂厨子
富士山本宮浅間大社本殿
社殿
越前岳
1504
位牌岳
1458
箱根山
富士宮市
西富士道路
芝川町
裾野I.C
裾野市
芦ノ湖
富士市
旧植松家住宅
富士I.C
琴平古墳
浅間古墳
長泉町
真鶴町
伊勢塚古墳
岩淵の一里塚
休場遺跡
東名高速道路
伊豆国分寺塔跡
三嶋大社本殿・幣殿及び拝殿
山中城跡
湯河原町
富士川町
湯河原温泉
真鶴岬
庵原郡
興国寺城跡
沼津I.C
三島市
蒲原町
東車塚古墳
白隠禅師墓
錦田一里塚
向山古墳群
由比町
新丹那トンネル
熱海温泉
富士川
清水町
長塚古墳
函南町
熱海市
沼津市
1051
竜爪山
柏谷横穴群
朝鮮通信使遺跡
清見寺境内
西伊豆フェリー
北江間横穴群
韮山町
JR伊東線
三池平古墳
江浦横穴群
江川家住宅
初島
光福寺本堂
清水I.C
大久保の鼻
伝堀越御所跡
旧上野家住宅
清水寺観音堂
観音堂厨子
清水市
霊山寺仁王門
大瀬崎
願成就院跡
韮山反射炉
清水港
淡島
臨済寺本堂
三保の松原
北条氏邸跡
伊豆長岡町
伊豆スカイライン
駿
神部神社浅間神社
大歳御祖神社
長浜城跡
大仁町
相
千代田
延寿院不動堂
井田松江古墳群
田方郡
賤機山古墳
修善寺町
伊東市
静岡市
戸田港
戸田村
修善寺ハリストス正教会
手石島
汐吹崎
日本平パークウエイ
修善寺温泉
上和田
伊東温泉
久能山
河
洋式帆船建造地及びプチャーチン宿所関係遺品一括
上白岩遺跡
中伊豆町
久能山東照宮
片山廃寺跡
静岡I.C
西伊豆スカイライン
冷川トンネル
登呂遺跡
安倍川
土肥町
太郡
岡部町
土肥港
土肥温泉
模
王子古墳群
湾
天城湯ヶ島町
湯ヶ島温泉
八幡宮来宮神社
万三郎岳
1406
焼津港
焼津市
賀茂村
富士箱根伊豆国立公園
テクノスーパーライナー
伊豆急行
天城山隧道
登り尾
1057
熱川温泉
田子港
東伊豆町
賀茂郡
灘
西伊豆町
大井川
河津町
松崎港
松崎町
旧岩科学校校舎
石部
縄地
河内の宝篋印塔
吉田松陰寓寄処
下田市
玉泉寺
了仙寺
下田港
南伊豆町
三ツ石岬
石廊崎
神子元島
神子元島燈台
2000
1400
800
400
100
0
m

0 20km 1:430,000

山梨県
神奈川県
富士箱根伊豆国立公園
中巨摩郡
南巨摩郡
東山梨郡
東八代郡
南都留郡
足柄上郡
庵原郡
田方郡
賀茂郡
甲府市
大月市
都留市
富士吉田市
御殿場市
小田原市
富士宮市
富士市
裾野市
沼津市
三島市
熱海市
伊東市
清水市
静岡市
焼津市
下田市
白根町
竜王町
若草町
昭和町
櫛形町
甲西町
田富町
玉穂町
中道町
市川大門町
増穂町
豊富村
鰍沢町
三珠町
六郷町
中富町
下部町
身延町
早川町
南部町
富沢町
芝川町
富士川町
蒲原町
由比町
石和町
一宮町
御坂町
八代町
境川村
芦川村
上九一色村
足和田村
河口湖町
勝山村
鳴沢村
西桂町
秋山村
道志村
上野原町
忍野村
山中湖村
小山町
山北町
松田町
開成町
大井町
箱根町
湯河原町
真鶴町
長泉町
清水町
函南町
韮山町
伊豆長岡町
大仁町
修善寺町
中伊豆町
戸田村
土肥町
天城湯ケ島町
賀茂村
西伊豆町
河津町
東伊豆町
松崎町
南伊豆町
富士山
3776
箱根山
毛無山
1964
身延山
1153
七面山
1989
櫛形山
2052
十枚山
1732
竜爪山
1051
越前岳
1504
位牌岳
1458
万三郎岳
1406
登り尾
1057
2014
河口湖
西湖
精進湖
本栖湖
山中湖
芦ノ湖
早川
富士川
安倍川
大井川
駿河湾
相模灘
初島
手石島
汐吹崎
大瀬崎
大久保の鼻
淡島
石廊崎
神子元島
三ツ石岬
三保松原
三保の松原
中央自動車道
東名高速道路
JR中央本線
JR身延線
JR御殿場線
富士急行
伊豆急行
伊豆箱根鉄道
小田急小田原線
富士スバルライン
富士山スカイライン
西富士道路
西伊豆スカイライン
伊豆スカイライン
日本平パークウエイ
西伊豆フェリー
テクノスーパーライナー
新丹那トンネル
冷川トンネル
笹子トンネル
甲府昭和I.C
一宮御坂I.C
勝沼I.C
甲府南I.C
大月I.C
上野原I.C
相模湖I.C
河口湖I.C
須走I.C
御殿場I.C
富士I.C
沼津I.C
清水I.C
静岡I.C
焼津I.C
大井松田I.C
上井出I.C
北山I.C
裾野I.C
清水港
焼津港
戸田港
土肥港
田子港
松崎港
下田港
梅ケ島温泉
箱根
湯河原温泉
熱海温泉
伊東温泉
修善寺温泉
土肥温泉
湯ケ島温泉
熱川温泉
猪之頭のミツバツツジ
白糸の滝
狩宿の下馬サクラ
上条のサクラ
北山本門寺のスギ
万野風穴
村山浅間神社の大スギ
村山浅間神社のイチョウ
芝川のポットホール
西山本門寺のヒイラギ
富士宮榊子
湧玉池
浮島沼周辺の農耕生産用具
富士岡地蔵堂のイチョウ
摩膈院のカヤ
岡宮浅間神社のクス
鮎壺の滝
富士山芝川溶岩の柱状節理
大晦日のタブノキ
大晦日五輪のカヤ
有東木の盆踊
大平のコウヤマキ
平野の盆踊
由比のお太鼓祭
但沼神社のクス
清見寺庭園
家康手植のミカン
臨済寺庭園
池ケ谷のトウツバキ
静岡浅間神社廿日会祭の稚児舞
慈悲尾のテンダイウヤク群落
手揉製茶技術
木枯森
柴屋寺庭園
龍華寺のソテツ
小鹿神明社のクス
石蔵院のお葉付イチョウ
焼津神社獅子木遣り
藤守の田遊び
須走浅間のハルニレ
上野のトチノキ
大胡田天神社のイチョウ
宝永のスギ
川柳浅間神社のスギ
永塚のスギ
南富士エバーグリーンライン
印野の溶岩隧道
二枚橋のカシワ
東山のサイカチ
沼田の湯立神楽
駒門風穴
景ケ島渓谷屏風岩の柱状節理
五竜の滝
下土狩のイチョウ
楽寿園
駒形諏訪神社の大カシ
三島神社のキンモクセイ
三島大社のお田打
三島囃子
春日神社のクス
阿豆佐和気神社の大クス
来宮神社鹿島踊
丹那断層
天地神社のクス
熱海のナツメヤシ
熱海の大モガシ
比波預天神社のホルトノキ
新井の大祭り鯖行事
天照皇太神社社叢
富知六所浅間神社の大クス
御嶽神社の親子モッコク
浮島沼周辺の農耕生産用具
江浦の水祝儀
大瀬崎のビャクシン樹林
大瀬神社奉納漁船模型
地震動の断層
山木遺跡の生産生活用具
益山寺の大モミジ
御浜岬のイヌマキ群生地
戸田の漁師踊・漁師唄
日枝神社のイチイガシ
修善寺のカツラ
下白岩のレピドサイクリナ化石産地
葛見神社の大クス
林泉寺のフジ
法泉寺のシダレザクラ
青埴神社の枝垂イロハカエデ
田沢のイヌマキ
安楽寺のクス
富戸の魚見小屋
蓮着寺のヤマモモ
八幡野八幡宮来宮神社社叢
浄蓮のハイコモチシダ群落
シラヌタの池とその周辺の生物相
天城の太郎スギ
永明寺のイチョウ
人形三番叟
黄金崎のプロピライト
ナチシダ自生北限地
細野湿原
瀬浜海岸のトンボロ
堂ケ島天窓洞
仁科の人形三番叟
大鍋子守神社の神楽
新町の大ソテツ
杉桙別命神社の大クス
済広寺のカヤ
松崎伊那下神社のイチョウ
報本寺のオダマキ
伊豆西南海岸
伊古奈比咩命神社のアオギリ自生地
白浜神社のビャクシン樹林
偽層理
子浦のウバメガシ群落
妻良のぼんおどり
八幡神社のイスノキ
爪木崎の柱状節理
白鳥神社のビャクシン
小稲の虎舞(竜虎の舞)
手石の弥陀の岩屋
田牛のハマオモト自生地
m
2000
1400
800
400
100
0

静岡県全図
●名勝 ●天然記念物 ●民俗文化財
【注】★印は国指定、無印は県指定
岐阜県
長野県
愛知県
恵那市
中津川市
飯田市
豊川市
豊橋市
湖西市
新城市
浜松市
天竜市
浜北市
磐田市
袋井市
掛川市
島田市
上伊那郡
下伊那郡
恵那郡
東加茂郡
北設楽郡
南設楽郡
額田郡
宝飯郡
磐田郡
周智郡
引佐郡
小笠郡
榛原郡
天竜奥三河国定公園
奥大井県立自然公園
浜名湖県立自然公園
御前崎・遠州灘県立自然公園
遠州灘
浜名湖
天竜川
大井川
中央自動車道
東名高速道路
JR飯田線
JR東海道本線
天竜浜名湖鉄道
大井川鉄道
明知鉄道
東海道新幹線
赤石岳
聖岳
大沢岳
荒川岳
悪沢岳
塩見岳
茶臼岳
光岳
黒沢山
中尾根山
合地山
不動岳
前黒法師岳
黒法師岳
高塚山
秋葉山
水窪町
佐久間町
龍山村
春野町
川根町
中川根町
本川根町
寸又峡温泉
舘山寺温泉
舞阪町
雄踏町
新居町
大須賀町
浜岡町
御前崎町
小笠町
菊川町
森町
豊岡村
豊田町
竜洋町
福田町
浅羽町
細江町
三ケ日町
引佐町
鳳来町
作手村
大東町
相良町
吉田町
金谷町
榛原町
1:430,000

しずおか文化財ウォーク索引

あ
青埴神社のシダレイロハカエデ（天城湯ヶ島町・県天然記念物）……22
秋葉神社上社・下社（春野町）……115
天宮神社（森町・県有形文化財）……110
新居関所（新居町・国特別史跡）……132

い
渭伊神社境内遺跡（引佐町・県史跡）124
五十嵐歯科医院（蒲原町・国登録文化財）……54
伊豆国分寺塔跡（三島市・国史跡）……35
伊豆西南海岸（西伊豆3町・国名勝）……16
井田松江古墳群（戸田村・県史跡）……21
伊那下神社のイチョウ（松崎町・県天然記念物）……17
犬居城跡（春野町・県史跡）……114
猪之頭のミツバツツジ（富士宮市・県天然記念物）……48
伊場遺跡（浜松市）……119
印野の溶岩隧道（御殿場市・国天然記念物）……45

う
鵜田寺（島田市）……78

え
江川家住宅（韮山町・国重要文化財）……27
ＭＡＯ美術館（熱海市）……31

お
応賀寺（新居町・県有形文化財）……133
応声教院山門（菊川町・国重要文化財）……96
大井川川越遺跡（島田市・国史跡）……81
大江八幡宮の御船行事（相良町・国重要無形民俗文化財）……88
大鐘家住宅（相良町・国重要文化財）……87
大瀬崎のビャクシン樹林（沼津市・国天然記念物）……43
大知波峠廃寺跡（湖西市・国史跡）……135
大旅籠柏屋（岡部町・国登録文化財）……70
小笠町代官屋敷資料館（小笠町）……94
小國神社十二段舞楽（森町・国重要無形民俗文化財）……112

か
掛川城御殿（掛川市・国重要文化財）100
柏谷横穴群（函南町・国史跡）……30
可睡斎・護国塔（袋井市・県有形文化財）……102
狩宿の下馬桜（富士宮市・国特別天然記念物）……47
函南原生林（函南町）……39
願成就院跡（韮山町・国史跡）……27

き
気賀関所（細江町）……129
木下杢太郎記念館（伊東市）……8
旧赤松家の門・塀（磐田市・県有形文化財）……107
旧天城トンネル（天城湯ヶ島町～河津町・国重要文化財）……24
旧岩科学校（松崎町・国重要文化財）……18
旧王子製紙製品倉庫（春野町・県有形文化財）……115
旧東海道石畳（金谷町）……82
旧山瀬家のコヤ（産屋）（細江町・県有形民俗文化財）……130
旧見付学校（磐田市・国史跡）……108
京丸のアカヤシオ・シロヤシオ群生地（春野町・国天然記念物）……117
玉泉寺（下田市・国史跡）……14
清水寺（静岡市・県有形文化財）……67

く
葛見神社（伊東市・国天然記念物）……11
久能山東照宮（静岡市・国重要文化財）……62
黒田家住宅＝代官屋敷（小笠町・国重要文化財）……94

け
慶寿寺（島田市）……79

こ
興国寺城跡（沼津市・国史跡）……41
瞽女観音（戸田村）……21
駒門風穴（御殿場市・国天然記念物）……45
五竜の滝（裾野市・県天然記念物）……44

さ
柴屋寺（静岡市・国名勝、史跡）……72
西山寺（相良町・県有形文化財）……88
西楽寺（袋井市・県有形文化財）……104
相良油田（相良町、県史跡）……89
薩埵峠（由比町）……56
佐野美術館（三島市）……36
小夜の中山（掛川市）……84

し
蜆塚遺跡（浜松市・国史跡）……118
静岡県庁本館（静岡市・国登録文化財）……65
静岡市役所本館（静岡市・国登録文化財）……65
静岡浅間神社（静岡市・国重要文化財）……63
賤機山古墳（静岡市・国史跡）……64
史跡田中城下屋敷（藤枝市）……76
志太郡衙跡（藤枝市・国史跡）……75
島田市博物館（島田市）……80
清水港テルファー（清水市・国登録文化財）……58
清水邸庭園（大須賀町）……99
静居寺惣門（島田市・県有形文化財）……78
正雪紺屋（由比町）……56
浄蓮の滝のハイコモチシダ群落（天城湯ヶ島町・県天然記念物）……23
白糸の滝（富士宮市・国名勝、天然記念物）……48
次郎ガキ原木（森町・県天然記念物）110
新光明寺別院の阿弥陀如来（静岡市・国重要文化財）……66

す
水神社（富士市）……48
裾野景ヶ島渓谷の柱状節理（裾野市・県天然記念物）……44
諏訪原城跡（金谷町・国史跡）……83
駿府城址（静岡市）……65

せ
誓願寺（静岡市）……73
清見寺庭園（清水市・国名勝）……57
千本松原（沼津市）……42
撰要寺墓塔群（大須賀町・県史跡）……99

そ
造船郷土資料博物館（戸田村）……19
窓泉寺山門（大須賀町・県有形文化財）……98
尊永寺仁王門（袋井市・国重要文化財）……105

た
大石寺（富士宮市・国重要文化財）……46
大中寺恩香殿（沼津市・国登録文化財）……41
大洞院（森町）……112
大日本報徳社（掛川市・県有形文化財）……100
大福寺庭園（三ヶ日町・県名勝）……128
高天神城跡（大東町・国史跡）……95
太郎杉（天城湯ヶ島町・県天然記念物）……24
丹那断層公園（函南町・国天然記念物）……31

ち
智満寺（島田市）……80
釣月院（相良町・県有形文化財）……89
長楽寺庭園（細江町・県名勝）……130

つ
蔦の細道・宇津ノ谷峠（静岡市～岡部町）……73
爪木崎の柱状節理（下田市・県天然記念物）……14

て
ディアナ号の錨（富士市）……51
鉄舟寺（清水市）……59
天徳寺山門（島田市・県有形文化財）……80
天白磐座遺跡（引佐町・県史跡）……124
伝堀越御所跡（韮山町・国史跡）……26

と
東海館（伊東市）……10
東海道名主の館小池邸（由比町・国登録文化財）……56
東郷記念館（伊東市）……11
遠江国分寺跡（磐田市・国特別史跡）106
友田家住宅（森町・国重要文化財）……113
登呂遺跡（静岡市・国特別史跡）……68

な
中瀬邸（松崎町）……16

に
錦田一里塚（三島市・国史跡）……37
西山本門寺（芝川町）……48
日坂宿（掛川市）……85
韮山反射炉（韮山町・国史跡）……28

ぬ
沼津御用邸記念公園（沼津市）……42

の
能満寺のソテツ（吉田町・国天然記念物）……86

は
白隠禅師の墓（沼津市・県史跡）……40
箱根旧街道（三島市）……39
浜名惣社神明宮本殿（三ヶ日町・国重要文化財）……126
浜松科学館（浜松市）……121
浜松市楽器博物館（浜松市）……120
浜松市博物館（浜松市）……118
ハリストス正教会（修善寺町・県有形文化財）……29
春埜山大光寺春埜杉（春野町・県天然記念物）……116

ひ
姫街道（細江町部分）……131
姫街道歴史民俗資料館（細江町）……130
広見公園（富士市）……51

ふ
深良用水（裾野市）……45
藤枝市郷土博物館（藤枝市）……76
富士山本宮浅間大社（富士宮市・国重要文化財）……46
富士市立博物館（富士市）……50
府八幡宮楼門（磐田市・県有形文化財）……106

へ
平田寺（相良町）……88
戸田塩の会（戸田村）……19

ほ
方広寺七尊菩薩堂（引佐町・国重要文化財）……125
宝泉寺（戸田村・県史跡）……20
法泉寺のシダレザクラ（天城湯ヶ島町・県天然記念物）……22
宝林寺（細江町・国重要文化財）……123
本興寺（湖西市・国重要文化財）……134
本勝寺ナギ・マキの門（大東町・県天然記念物）……95

ま
摩訶耶寺（三ヶ日町）……127
松城家住宅（戸田村・国登録文化財）……20
丸子城跡（静岡市）……73

み
三熊野神社三社祭礼囃子（大須賀町・県無形民俗文化財）……97
三嶋大社（三島市・国重要文化財）……34
見付天神裸祭（磐田市・国重要無形民俗文化財）……109
三保松原（清水市・国名勝）……60
明神池（戸田村）……21

め
明治史料館（沼津市）……41
明治のトンネル（静岡市・国登録文化財）……74

や
薬師堂の阿弥陀三尊像（函南町・国重要文化財）……31
山中城跡（三島市・国史跡）……38

ゆ
油山寺（袋井市・国重要文化財）……103
由比本陣公園（由比町）……55

よ
横須賀城跡（大須賀町・国史跡）……99
吉田松陰寓寄処（下田市・県史跡）……12
依田家（松崎町・国登録文化財）……18

ら
楽寿園（三島市・国天然記念物、名勝）……34

り
竜華院大猷院霊屋（掛川市・県有形文化財）……101
龍華寺（清水市）……60
了仙寺（下田市・国史跡）……13
龍潭寺（引佐町・国名勝）……123
旅館いな葉（伊東市・国登録文化財）……9
臨済寺（静岡市・国重要文化財）……63

れ
霊山寺（清水市・国重要文化財）……61
歴史民俗資料館（富士市）……50
蓮華寺池公園（藤枝市）……76

※国、県の文化財を多数所蔵する場合は省略しました。
また、文中の文化財の名称は、正式な登録名称と異なる場合があります。

しずおか文化財ウォーク　2001年10月10日発行
企画／静岡県教育委員会　編集・発行／静岡新聞社　〒422-8033　静岡市登呂3-1-1　☎054-284-1666
取材／狩野秋夫　佐野正佳　木村純　鈴木真弓　清水哲也　鈴木晃　金沢陽子　協力／田畑みなお　神永喜朗

Printed in Japan　印刷・図書印刷（株）